에디의 인테리어 수납교실

Do It Yourself

에디익
인테리어 수납교실

Easy to Remodeling

Easy to Remodeling

혜지원

DIY SERIES | 03

에디의 인테리어 수납교실

초판 인쇄일 _ 2007년 12월 7일

초판 발행일 _ 2007년 12월 12일

글쓴이 _ 에디

발행인 _ 박정모

발행처 _ 도서출판 혜지원

주소 _ (130-844) 서울시 동대문구 장안 1동 420-3호

전화 _ 영업부 02)2212-1227, 2213-1227

팩스 _ 02)2247-1227

홈페이지 _ www.hyejiwon.co.kr

ISBN _ 978-89-8379-529-8

정가 _ 9,500원

본문디자인 _ 황이순

표지디자인 _ 황이순

영업마케팅 _ 김승헌, 김남권, 서지영, 고광수

DIY Series 03
에디의
인테리어
수납교실
수납의 달인 에디 지음
혜지원

생활 속에서 아름다움을 찾는 멋진 청년

인터뷰를 통해서 에디를 알게 된 것도 많은 시간이 지났습니다. 처음에는 그저 착실한 사람이라고만 생각했지만 그와 대화를 나누어보니 인테리어에 대단한 열정을 가진 청년이라는 것을 알 수 있었습니다. 그의 실내 인테리어에 대한 지식이 이미 상당한 수준이었기 때문에 항상 내가 표현하고 싶은 스타일이 무엇인지를 파악하고 있었습니다. 또 어떤 때에는 에디의 말 속에서 인테리어 디자인에 대한 그의 개성과 고집스러운 면을 볼 수 있었습니다.

한번은 그가 내 사무실에 찾아 와서는 아버지와 집안 인테리어 일 때문에 싸워서 걱정이라는 얘기를 했습니다. 그의 아버지가 멋진 나무판과 광택 석영 기와 대신에 흔한 화강석 타일을 사용한 것에 대해 화가 나서 나와버렸다는 그의 말을 듣고는 쿡쿡 웃음이 터져 나오는 것을 참을 수 없었습니다. "지금 나는 집에 가면 그 마룻바닥을 못 본 척할 수밖에 없어요, 물론 아버지가 화강석 타일을 더 좋아하시는 걸 알기는 하지만요……." 앞으로도 인테리어에 대한 에디의 고집은 계속될 것 같습니다.

며칠 전 에디가 나에게 그의 새 원고를 건네며 추천사를 부탁했는데 그의 원고는 역시나 나를 실망시키지 않았습니다. 알찬 구성과 풍부한 사진자료, 조리 있는 설명을 바탕으로 수납 기법에서부터 DIY 제작, 배치, 그리고 색깔의 조화와 소품의 선택까지 폭넓게 다루고 있어 독자들에게 큰 도움이 될 것이라고 확신합니다.

생활 속에서 아름다움을 찾는 에디는 항상 행복해 보입니다. 그런 에디의 작품 세계에서 독자 여러분도 생활의 활력을 느끼시길 바랍니다.

Interior Architect _ Liu Jiawen

실내 인테리어 디자이너. 「인테리어 디자인」 설계 계획 책임자로서 여성 특유의 세심함으로 질리지 않고, 따뜻하고 합리적인 가격으로 유명하다. 무조건 비싼 것이 아니라 품질과 스타일이 특색 있고, 세월에 따라 변하는 집안의 흔적에서 또 다른 느낌을 표현해낸다.

Do It Yourself

우리의 완벽한 수납달인!

에디는 내가 최근에 새로 사귄 친구입니다. '수납의 달인'이 '행복한 달인'을 만나자 과연 불꽃이 일어났습니다. 우리 둘은 '아름다움'이 생활에 절대적으로 필요하다는 것을 깊이 체험할 수 있었습니다.

예를 들어 보석 디자이너와 작가의 신분을 겸하고 있는 본인은 최근 드디어 집을 장만 하였습니다. 하지만 집안의 장서와 그 동안 모아둔 잡지들 때문에 이사업체를 골치 아 프게 만들 정도였고, 오래도록 모아온 스크랩 · DM원고 · 연애편지 · 딸아이의 쪽지와 카드 등 70년대 초기의 문자광인 나같은 사람들은 완전히 디지털화 되기 전의 종이 한 장도 아까워서 버리지 못하기 때문에 어쩔 수 없이 출판사 편집장님의 소개로 '수납의 달인'인 에디에게 도움을 청하게 되었습니다.

에디는 역시나 고수였습니다. 처음 우리 집에 와서 이리 뜯어보고, 저리 뜯어보더니, 곧 바로 많은 문제들을 발견하고 의견을 제시해 주었으며, 열심히 사진을 찍이 증기를 남 겼습니다. 얼마 후 'Before'와 'After'의 놀라운 결과가 나타났으며 한쪽에 쌓아두었던 나의 보물들도 편안한 휴식처를 찾게 되었습니다.

우리의 수납달인 에디의 10대 원칙에 따르면 물건을 버릴 권리를 지인이나 친구에게 줘 야 한다고 합니다. 역시 전문가는 뭔가 다른 것 같습니다.

에디는 차 한잔 마시려고 3시간 동안 집안을 뒤져 다과를 준비하는 남자입니다. 모두들 그의 유별난 행동에 까다롭다고 생각할 수 있지만, 그의 완벽함에 대한 고집에 대해 저 는 두 손 들어 찬성합니다.

Jewelry Designer / Writer _ Ceng Yuwen

대만에서 처음으로 Sothebys와 Christie's에 동시에 초청받은 작가 겸 보석 디자이 너이다. 가장 좋아하는 별명은 「행복달인」이고 이미 세 딸의 엄마이다. 현재 문학과 보석의 날개를 타고 행복을 전파하고 있다.

왕초보에서 달인으로 당신도 변할 수 있습니다!

수납개조 영역에 발을 들여놓은 것은 학교를 졸업한 후부터였습니다. 당시 30년이나 된 낡은 우리 집을 리모델링하기 위해서 한 달 동안 끙끙댔었습니다. 비록 건축이나 인테리어를 전공하지는 않았지만, 평소 집안 인테리어에 관심이 많았고 전부터 관련 서적을 많이 보았기 때문에 나름대로 자신이 있었습니다.

그런데 실제 리모델링 과정에서 조화와 배치, 수납이 생각보다 쉽지 않았습니다. 작업 방법은 전문가들의 어깨 너머로 배웠기 때문에 알고 있었지만 어떻게 정리해야 하는지, 색깔을 어떻게 조화시켜야 하는지, 가구를 어떻게 배치해야 하는지 실전 경험이 부족해서 상당히 어려웠습니다.

저는 이런 문제들을 하나하나 해결해나가면서 점차 수납의 중요성을 깨닫게 되었고, 어떻게 하면 개성을 살려 필요한 물건들을 쉽게 분류할 수 있을지 분석하게 되었습니다. 그러다가 한 방송의 집인 개조 프로그램에 참여하면서 다양한 사람들과 만나며 현실적인 문제점들을 발견할 수 있었고, 그 후에는 집주인의 상황을 신속하게 파악하여 그들에게 수납의 중요성을 알려주며 도움을 줄 수 있었습니다.

집안 리모델링의 결과를 더욱 업그레이드하기 위해서는 수납 외에 가구의 배치도 중요합니다. 가구를 배치할 때는 기본적으로 색채의 어울림을 고려해야 하며, 공간디자인과 공간활용의 민감성을 길러야 합니다.

저도 처음에는 초보였지만, 차근차근 시도해보고 분석하면서 점차 감각이 생겨 지금은 '달인'으로 불리게 되었습니다. 수납과 가구배치는 끊임없는 연구와 시도가 필요합니다. 이 책을 통해 여러분이 수납에 대해 이해하고 생활의 질을 한층 높일 수 있기를 바랍니다.

글쓴이 에디 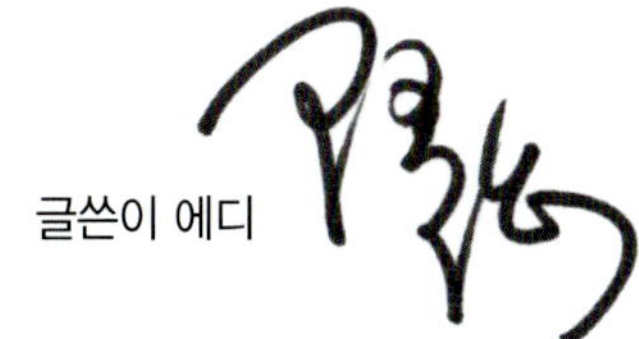

CONTENTS

CHANGE

01

독신남자의
행복한 집

변화하는 에디의 방

배치와 수납의 전문가인 에디의 방은 여러 차례 변화를 거쳤는데, 조기의 성숙하지 못한 비다 느낌에서부터, 남유럽풍이 물씬 풍기는 컨트리풍 스타일을 거쳐 지금의 현대와 고전 퓨전 스타일에 이르게 되었다.

각종 소품들을 합리적으로 사용하고 재치있는 구상과 수납 기교가 더해져 독신 남자의 집에 개성있는 스타일을 부여하였다.

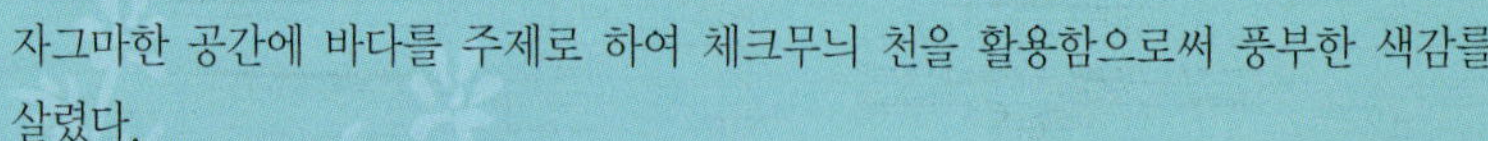

풍부한 바다 느낌

자그마한 공간에 바다를 주제로 하여 체크무늬 천을 활용함으로써 풍부한 색감을 살렸다.

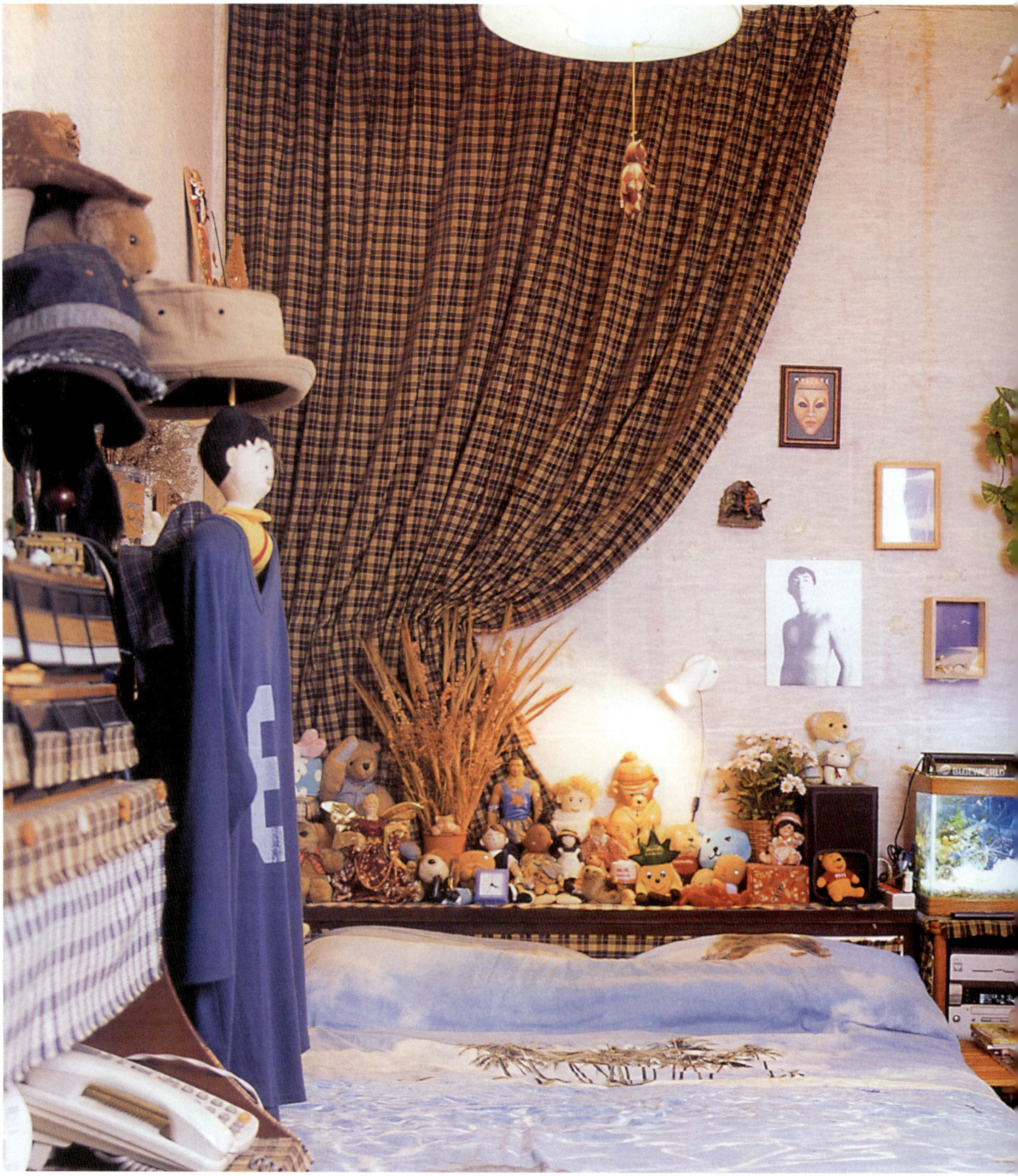

나무 옷장은 흰색으로 칠해서 청백의 시각 효과를 냈다.
해외에서 가져온 기념품이나 혹은 친구가 선물한 인형들을 모두 전시해 놓았다.

책장 옆에는 에디가 가장 좋아하는 「The Big Blue」 포스터가 붙어 있고, 책상 위에는 그가 갔었던 에게해의 대형사진이 있다.

자연스러운 컨트리 스타일

해외여행을 많이 하게 되면서 에디는 자신의 방을 이국적인 컨트리 스타일로 꾸미고 벽에는 가짜 창도 달아놓았다.

↗ 주벽은 연보라색으로 공간 주제를 나타냈다.

↖ 자잘한 꽃들이 가득 프린트된 침구는 꽃향기가 나는 듯하다.

↖ 높고 낮은 배치가 공간의 순서감을 더해준다.

↗ 나머지 벽은 파스텔톤 황록색으로 내추럴한 스타일을 표현했다.

나무촛대와 유럽풍 장식품은 따뜻한 느낌을 준다.

간단한 꽃으로 장식을 하니 공간이 살아난다.

서랍장의 위쪽 공간은 장식품들을 올려놓기 가장 좋은 곳이다.

↗ 가지런히 정리해두면 보기에도 좋고 더 많은 수납을 할 수
있다.

↗ 책은 가지런히 꽂아놓고, 책장 앞 공간에 진열품들을 놓았다.

↘ 침대 밑의 공간도 수납 공간으로 활용하였다.

Do it yourself

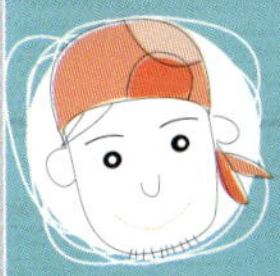

봄_여름 **도시의 봄**

YEAR 2006 Edy's ROOM

다양한 리모델링을 접하게 되면서 에디는 색다른 스타일을 시도하였다. 「Sex and the City」에 나오는 주인공의 오래된 아파트에서 영감을 얻어 도회적인 분위기와 퓨전된 스타일로 방을 꾸몄다.

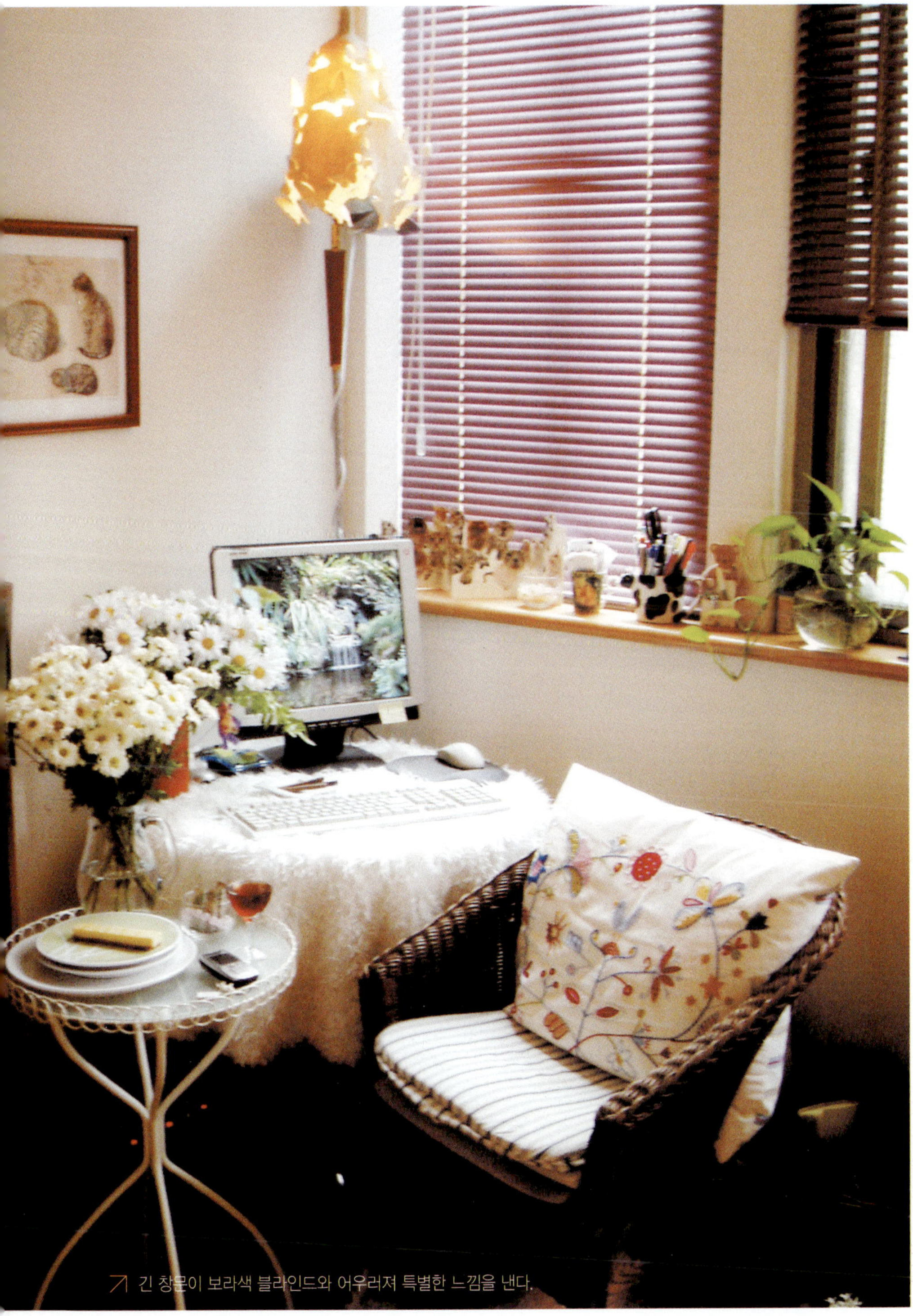

긴 창문이 보라색 블라인드와 어우러져 특별한 느낌을 낸다.

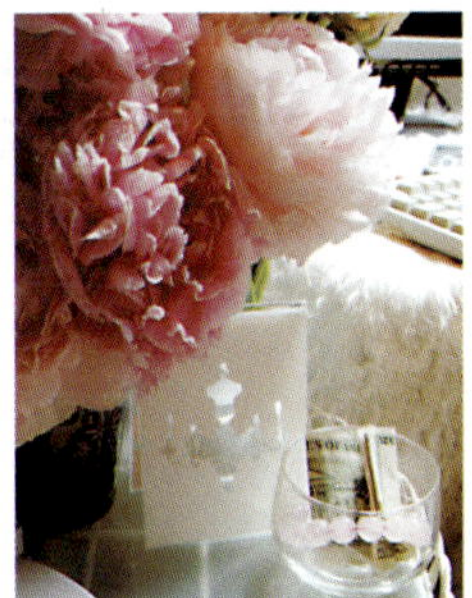

분홍색과 흰색이 어우러져 파스텔톤의 색조를 드러내었다.

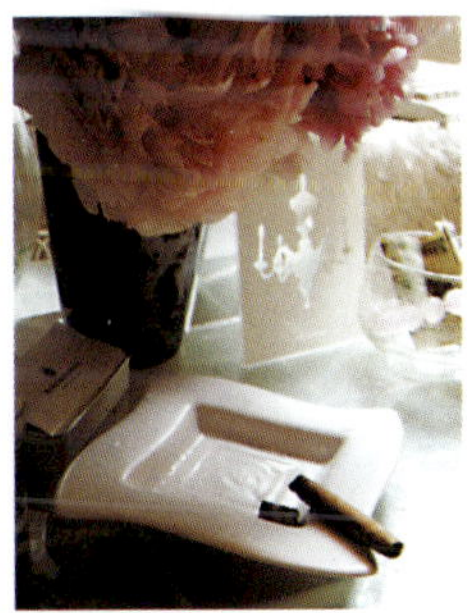

에디는 담배를 피우지 않지만 시가를 장식품으로 진열해 놓았다.

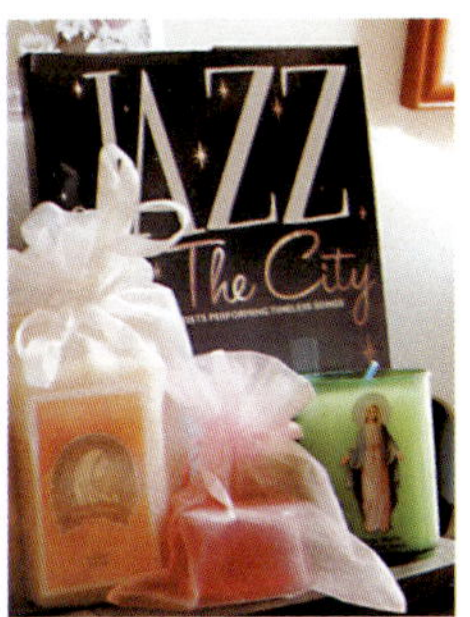

진열을 할 때 반드시 높낮이 조합의 순서를 주의해야 한다.

영자 신문을 보고는 그냥 버리지 말자. 훌륭한 인테리어 소품이 될 수 있다.

창가의 곰은 일광욕을 하는 것 같다.

당신 방에서 행복한 집

이곳에서 일을 하면 일도 즐거울 것이다.

가벼운 티 타임을 가져보자.

꽃무늬 쿠션은 봄의 필수품이다.

가을 _ 겨울 **화려함 속의 고요함**

가을이 되자 에디는 집안 장식과 가구 배치를 새롭게 하였다. 가죽과 털 그리고 따뜻한 빛깔은 따스한 기운을 발산하여 같은 공간이지만 색다른 느낌이 든다.

↘ 촛불 찻잔은 빛 그림자를 벽면에 투사하여 독특한 분위기를 조성한다.

↗ 깃털로 만든 모란은 꽃잎이 부드러우면서도 화려함을 잃지 않는다.

↗ 촛불은 아른거리며 독특한 분위기를 조성한다.

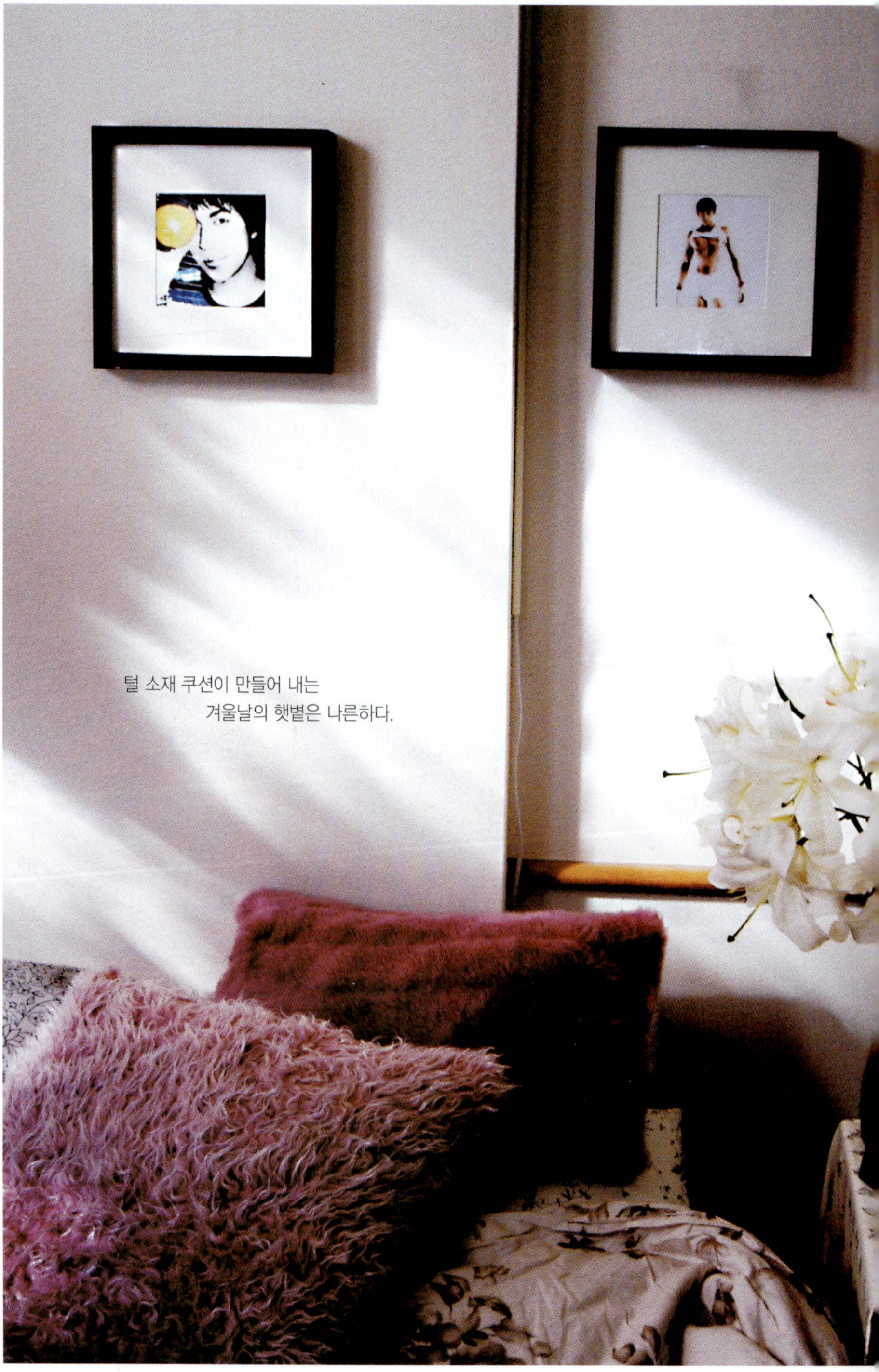

털 소재 쿠션이 만들어 내는
겨울날의 햇볕은 나른하다.

검은색 새장과 등불이 어우러지면 멋진 장식품이 된다.

꽃이 일으키는 잔물결도 인테리어 소품이 된다.

다양한 가죽 카펫들이 늘어져 있다.

크고 작은 촛대와 암황색의 촛불이 따뜻한 공간 분위기를 만들어 낸다.

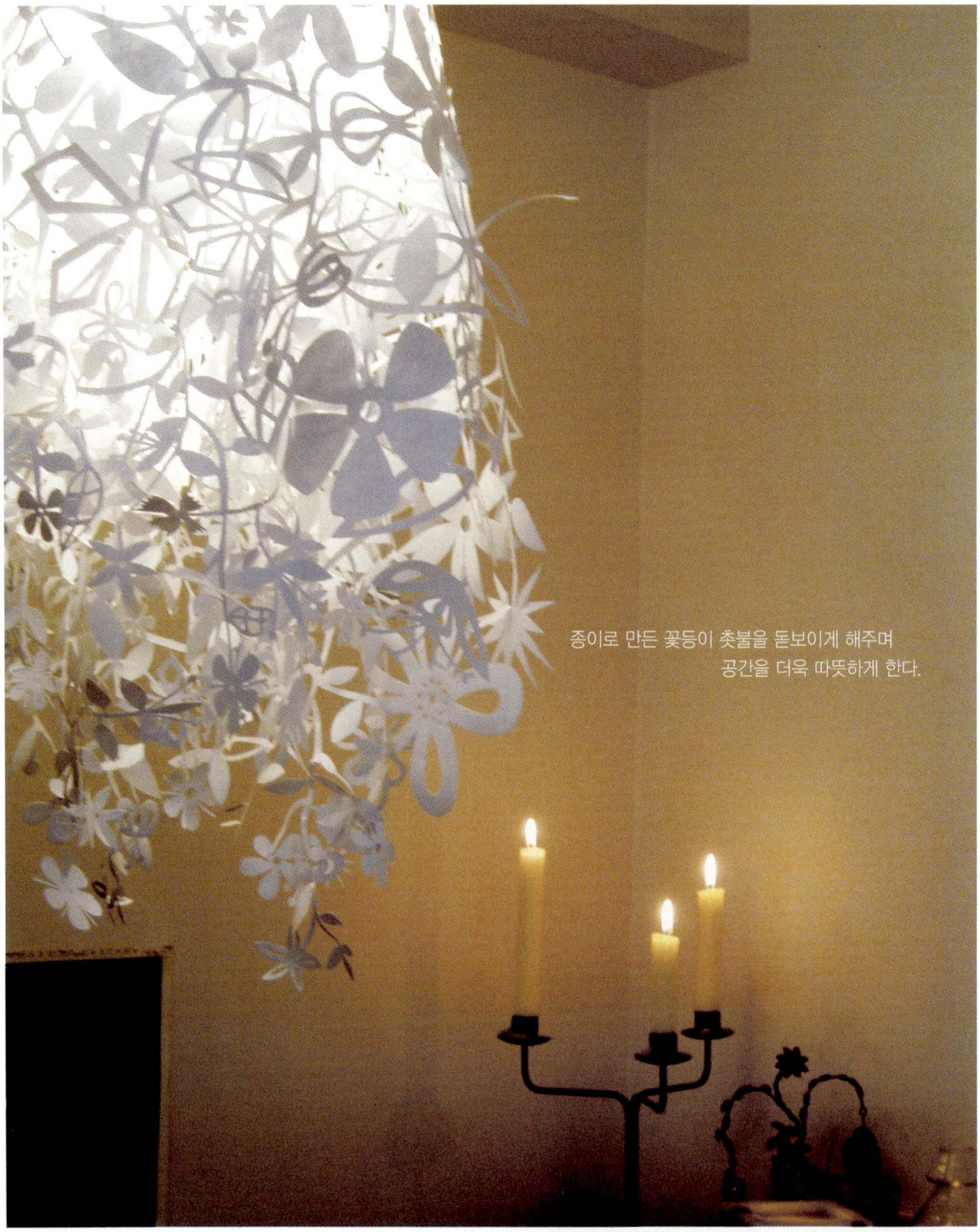

종이로 만든 꽃등이 촛불을 돋보이게 해주며
공간을 더욱 따뜻하게 한다.

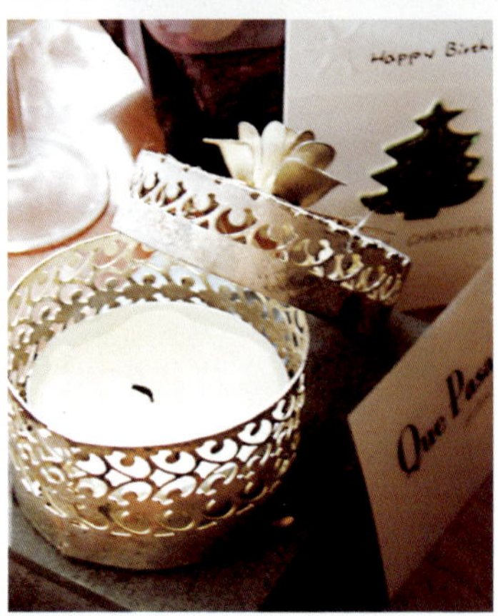

카드 한 장을 놓아 겨울날 성탄 분위기를
내보자.

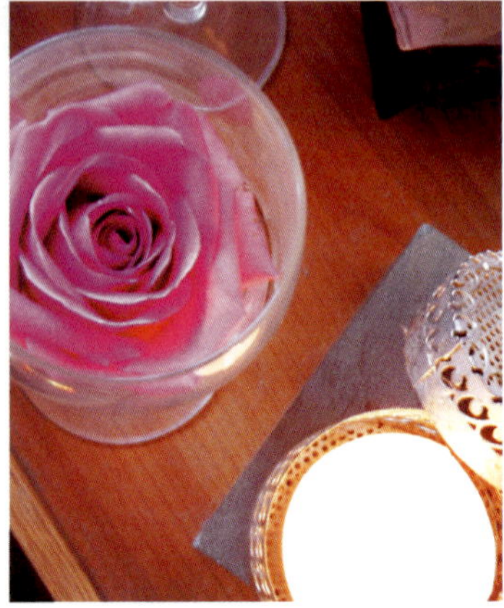

빨간 장미와 금색 불빛의 대화.

봄 _ 여름 **녹색의 합주**

YEAR
2007
Edy's ROOM

2006년 봄·여름의 부드럽고 우아했던 인테리어와는 달리, 2007의 봄·여름은
생기발랄하여 방안 가득 나비가 날아다니는 것 같다.

↘ 침구세트와 색깔을 맞추기 위해 꽃도 흰색과 녹색으로 골랐다.

↗ 녹색이 만연한 침구세트는 공
간에 생기가 충만하게 한다.

↘ 공간 부족을 해결하기 위해 직접
신발장을 만들었다.

↘ 작은 물건도 가지런히 진열되어
있다.

↘ 개방식 탈의 공간에 옷을 길이와
색깔에 따라 분류해 놓으면 난잡
하지 않다.

↘ 털옷과 스웨터를 둥굴게 말아서
수납하였다.

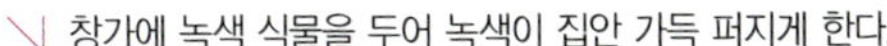

↘ 창가에 녹색 식물을 두어 녹색이 집안 가득 퍼지게 한다.

↗ 벽에 접시를 걸어놓는 외국 가
정집을 모방하여 종이 접시로
비슷한 효과를 내었다.

↘ 많은 잡지들은 에디의 정신
적인 양식이다.

↘ 나비 책갈피를 촛대에 꽂아 날아
다니는 것 같은 분위기를 냈다.

↗ 흰색 촛대와 장식 걸이가 깔끔하며 우아하다.

↗ 좋아하는 장신구를 걸어서 장
식적인 효과를 내는 동시에 수
납도 가능케 하였다.

CONCEPT

02

사실 개조는
정말 간단해요!

BASIC 10가지 기본 원칙

TOOL 14가지 필수 도구와
4가지 특별 추천 도구

STEP 개조 선 준비작업

10 가지 기본 원칙

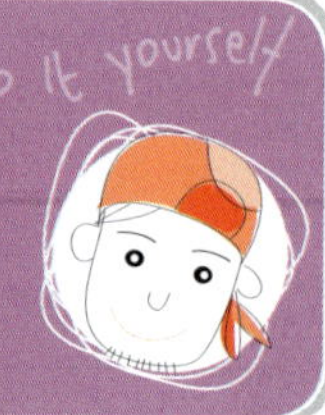

원칙 01 자신의 생활 습관에 따라 방법을 바꾼다

- **매일 바쁘다고 핑계 대는 사람**
  버리기 쉽거나 찾기 힘든 물건들은 임시 정리함에 모아둔다.

- **아무데나 물건을 억지로 쑤셔 넣는 사람**
  수납 공간을 칸칸으로 나누거나 표시를 달아서 구분한다.

- **아까워서 물건을 버리지 못하고 뭐든지 남겨두는 사람**
  지인이나 친구에게 버리는 결정권을 줘서 필요 없는 물건을 정리할 수 있도록 한다.

- **수납이 실용적이지 않아 사용상 불편을 초래하는 사람**
  수납원칙을 파악하고, 점차적으로 수납 방법을 바꾼다.

원칙 02 수납 장소를 결정한다

- 수납 물품은 사용 범위에서 멀리 떨어지면 안된다. 사용하는 장소와 자신의 생활 습관에 따라 수납을 계획해야만 편리하게 수납할 수 있다.

사진제공 _ IKEA

원칙 03 먼저 물품을 분류한다

수납 원칙에서 가장 중요한 것은 「분류」이다. 분류를 해야만 정리할 방법을 찾을 수 있다. 먼저 복잡한 곳이 어딘가를 찾은 후에 서적, 완구, 의류, 주방물품, 사무용품 등 종류가 다른 물품을 구분하고 차근차근 정리한다.

원칙 04 구역을 나누어 배치한다

분류 후에는 마치 사람이 방에 들어가는 것처럼 분류를 마친 물품을 원래 속해 있는 구역에 배치해야 한다. 배치하기 전에 먼저 물품을 가지런히 놓아두면 배치를 할 때 훨씬 편하다.

원칙 05 쉽게 꺼내 쓸 수 있도록 수납한다

쉽게 꺼내 쓸 수 있도록 정리하는 것이 수납에서 놓치기 쉬운 핵심이다. 깔끔해 보이는 것만 생각하지 말고 찾아 쓰기가 용이한 것이 완전한 수납이라는 것을 염두하자.

원칙 06 유지하는 것이 중요하다

정리를 한 후에 가장 중요한 것은 그 상태를 유지하는 것이다. 만약 하루 이틀 지난 후에 다시 어질러진다면 헛수고가 되므로 실용적으로 배치하여 오래도록 유지하는 것이 진정한 수납이다.

사진제공 _ IKEA

사용 빈도에 따라 수납 위치를 정한다

- 자주 사용
  수납공간의 중간에 둔다.
- 2~3일에 한 번씩 사용
  수납공간의 중하층에 둔다.
- 1주일에 한 번씩 사용
  수납공간의 중상층에 둔다.
- 자주 사용하지 않음
  A. 무거운 물품은 최하층에 둔다.
  B. 가벼운 물품은 최상층에 둔다.

형태에 따라 분류한다

- 같은 형태별로 분류한다. 그밖에 원형과 불규칙적 형태의 물품은 특수한 수납상자와 수납함을 이용해서 수납한다.

물건을 버리는 기준을 정한다

- 자주 사용함
- 자주 쓰지 않음
- 몇 년에 한 번씩 사용함
- 아예 쓰지 않음

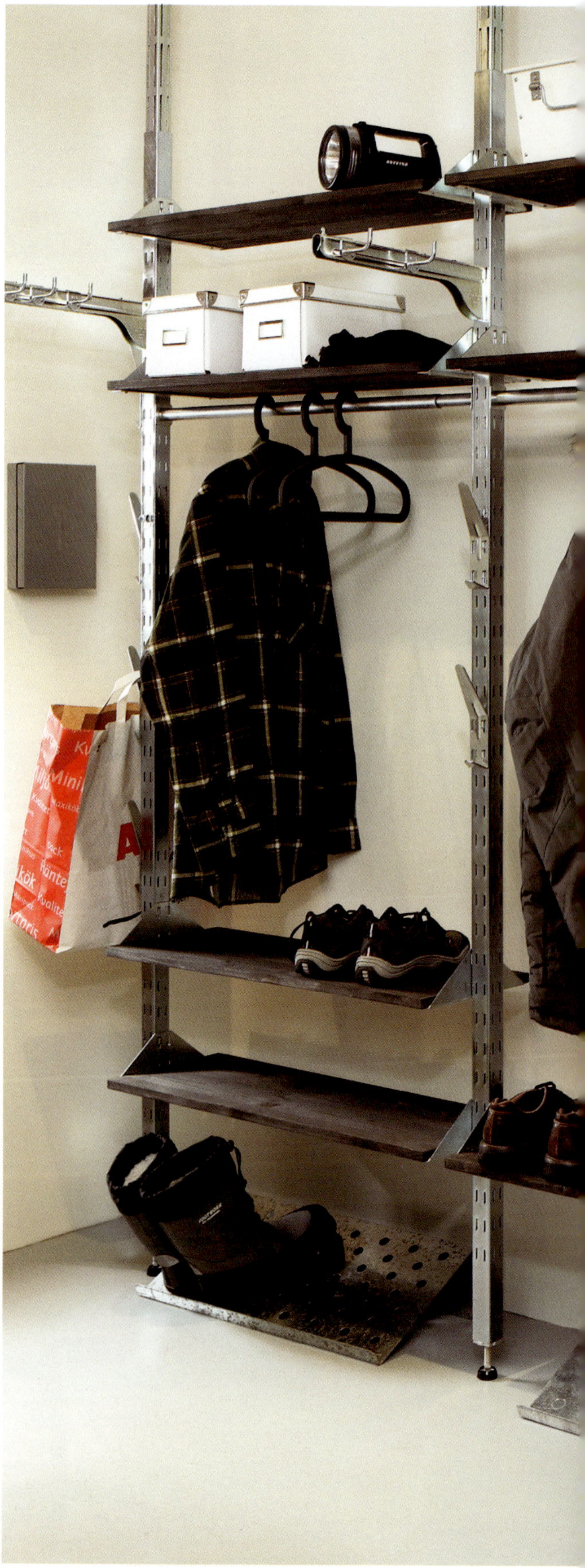

사진제공 _ 생활공장

원칙 | 10 작은 공간에 최대한 수납한다

- 공간을 충분히 활용한다. 예를 들어 모서리 공간 에도 수납이 가능하다.

- 수납장은 되도록 레일과 바퀴가 달려 있어 쉽게 이동할 수 있는 것을 선택한다.

- 너무 큰 수납박스를 나란히 놓지 않는다. 큰 수납 박스는 작은 공간에서 압박감을 조성하므로, 가벼 운 색의 가구를 선택하여 공간이 커보이는 효과를 내도록 한다.

- 수납은 사실 간단한 치우기와 정리일 뿐이므로 체 계적인 공간 계획의 분위기에 따라 아름답게 꾸미 기만 하면 훌륭한 인테리어가 된다.
  예를 들어 출입문에 거울을 걸기만 해도 작은 공 간이 커보이는 효과를 낼 수 있다.

사진제공 _ IKEA

14가지 필수 도구와 4가지 특별 추천 도구

TOOL 01 | 볼트와 너트, 나사

벽에 가구나 장식장을 고정하기 위해서는 볼트와 나사가 매우 중요하다. 각기 크기와 소재, 용도에 따라 여러 종류가 있으므로 잘 선택해야 한다.

TOOL 02 | 절연 테이프와 방수 테이프

절연 테이프는 밖으로 삐져나온 전선을 감쌀 때 쓰이며, 접착력이 강하고 자르기가 쉽기 때문에 접착용으로도 사용된다. 방수 테이프는 파이프를 연결하거나 플라스틱 제품에 덧댈 때 사용된다.

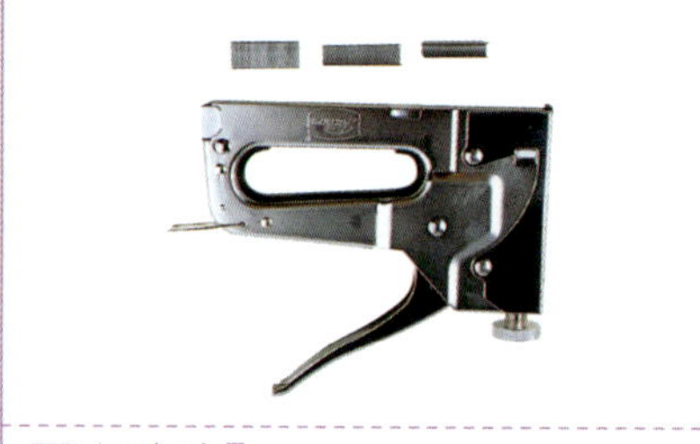

TOOL 03 | 타카총

타카총은 가구를 제작하거나 수리할 경우, 천을 팽팽하게 잡아당겨 고정할 때 사용된다. 그 밖에 종이류, 헝겊 장식도 타카총을 이용하여 목재 벽에 고정시킬 수 있다.

TOOL 04 | 글루건

글루건은 다양한 규격이 있고 실리콘봉을 꽂아 사용한다. 글루건에 전원을 연결하면 생성되는 열이 실리콘 봉을 녹여 편리하게 금속, 플라스틱 재료 등의 재질을 붙일 수 있다.

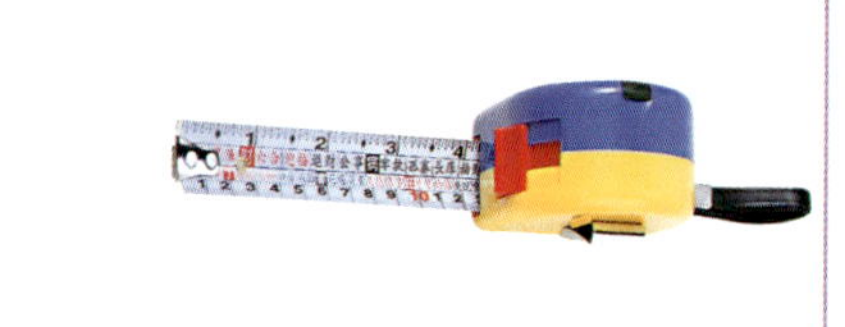

TOOL 05 | 줄자

줄자의 기능은 길이를 잴 때 쓰이는데, 공간 규격을 잴 때 없어서는 안 되는 도구이다. 일반적으로 익숙한 센티미터 단위의 줄자를 선택하면 되고, 외부에는 고정할 수 있는 버튼이 있어 길이가 긴 곳에선 길이를 고정할 수 있다.

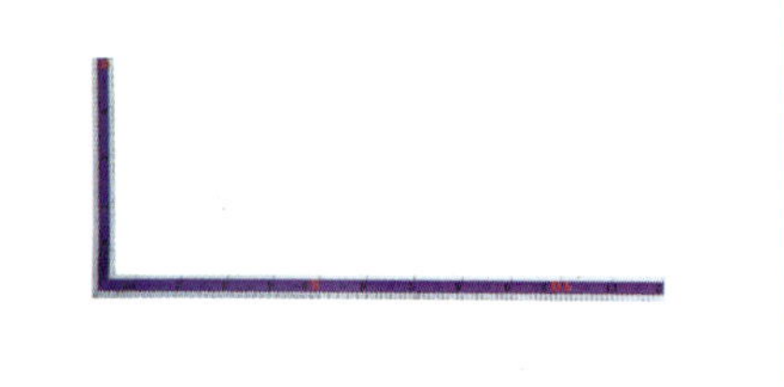

TOOL 06 | 직각자

직각자는 목공을 할 때 직각이나 수직변을 잴 때 쓰이며, 각도를 측량할 때 일반 줄자에 비해 정확하고 편리하다.

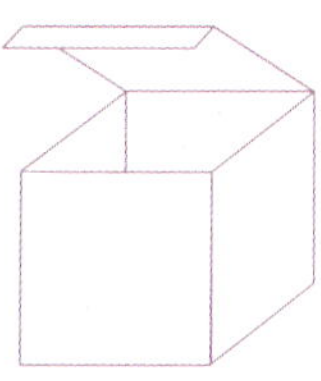

TOOL 07 | 커터칼

커터칼은 공예의 최고의 도우미이다. 전선을 자르거나, 각종 플라스틱류 혹은 테이프를 자를 때, 심지어 발사목 같은 얇은 목판을 자를 때 편리하게 쓸 수 있다.

TOOL 09 | 톱

목공과 관련된 삭업에서는 톱을 써아 힌디. 많은 사람들이 톱은 매우 위험하다고 생각을 하는데, 사실 방법만 제대로 된다면 상당히 안전하다. 접이식 톱은 공간도 많이 차지하지 않고 쉽게 수납할 수 있다.

TOOL 11 | 십자&일자 드라이버

일반 드라이버는 십자와 일자 두 종류로 구분된다. 십자는 시력점이 많기 때문에 나사를 조일 때 힘이 덜 들고, 일자는 힘은 더 들지만, 꽉 조이기만 하면 쉽게 풀리지 않기 때문에 보통 접히지 않은 위치에 사용한다.

TOOL 08 | 망치

리모델링 과정에서 이리저리 때리고 박고 하는 일이 있다. 벽에 철못을 박거나 조립을 할 때, 목재 가구를 고정할 때 다양하게 쓰이므로 망치는 적어도 한 개 이상은 준비해야 한다.

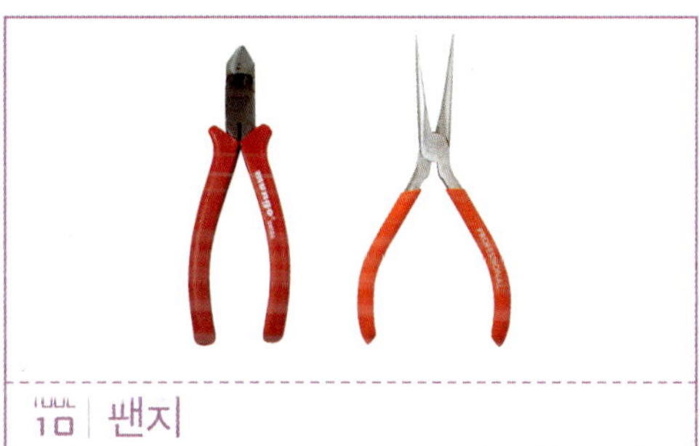

TOOL 10 | 팬지

흔히 쓰는 팬치류에는 두 종류가 있다. 팬치는 전선을 감을 때, 전선을 벗길 때 적당하며, 니퍼는 전선을 벗기거나, 전선을 자를 때 쓰인다. 이 두 가지 도구가 있다면, 수도 전기 작업을 할 때 훨씬 수월해진다.

TOOL 12 | 페인트 도구

솔의 사이즈는 칠하는 면적이나 위치에 따라 결정된다. 솔털도 여러 종류가 있는데, 돼지털이 가장 흔하고 가장 좋은 것은 양털이다. 롤러는 균일하고 빠르게 칠할 수 있지만, 페인트를 더 많이 소비하기 때문에, 솔과 롤러를 같이 사용하는 게 더 효율적이다.

TOOL 13 | 전동 드라이버

대량의 나사를 박아야 할 때 전동 드라이버는 상당히 편리하다. 특히나 가구를 조립하거나 3층 칸막이를 만들 때 꼭 필요하다. 전동 드라이버는 힘이 덜 들 뿐만 아니라, 힘이 약한 여성 작업자들에게 필수적인 리모델링 도구이다.

TOOL 14 | 전동 드릴

전동 드릴은 벽에 못을 박을 구멍을 뚫어준다. 사용하는 헤드에 따라 콘크리트 벽면, 목재 벽, 목재 가구 심지어는 알루미늄 문짝에도 구멍을 뚫을 수 있다. 사용할 때는 안전에 주의해야 한다.

특별 추천 도구 X 4

앞서 얘기한 도구들 말고도, 이것들은 에디가 특별히 추천하는 4가지 리모델링 도우미들이다. 이들을 활용하여 더욱 치밀한 구상과 창의적인 시각을 갖추길 바란다.

TOOL 01 | 3단 박스

블록처럼 쌓거나 이어 붙이면 새로운 가구가 탄생한다.

TOOL 02 | 고정용 L자 꺾쇠

3단 박스를 이용하여 가구를 제작하거나 받침대를 고정할 때, L자 꺾쇠의 역할이 매우 중요하다. 여러 가지 사이즈의 크기를 각각의 상황에 맞게 사용하여 고정하거나 연결한다.

TOOL 03 | 이동 바퀴

공간을 효율적으로 활용하기 위해서는 가구를 이리저리 움직이며 가구배치를 해야 하는데, 이동 바퀴를 장착하면 손쉽게 움직일 수 있다.

TOOL 04 | ₩1000 상품

₩1000 상점에서 파는 바구니나 플라스틱 상자는 저렴하면서도 매우 실용적이다. 이것들을 이용하여 창의적인 DIY 수납 용품을 제작할 수 있다.

개조 전 준비 작업

STEP 01 | 기본 도구 준비

일을 잘 하려면 반드시 먼저 도구를 이용해야 한다. 잘 챙겨놓고 있어야 나중에 필요할 때 없어서 허둥지둥하지 않는디. 띠리서 수납이 편리한 공구상자가 필수적이며 내부가 층층이 칸막이로 나뉘어 있으면 공구 수납의 걱징을 해소해줄 깃이디.

STEP 02 | 높이와 길이 측량

개조에 필요한 물건을 사기 전에 반드시 먼저 공간의 길이, 벽면, 필요한 가구의 크기를 정확하게 재야 한다.

그 밖에 CD 걸이, 잡지대 등의 작은 가구도 길이를 재야만 설계도를 그릴 때 오차를 줄일 수 있다. 측량의 수치는 정밀함을 추구해야 하며, 센티미터를 단위로 해야 적당한 가구를 찾기 편하다(일반 가구 매장은 모두 센티미터를 단위로 하여 크기를 표시).

만약 설계도면을 그릴 줄 모르는 사람이라면, 측량한 자료를 가지고 가구 매장에 가면 현장에서 직접 비교를 해볼 수 있고, 적당한 가구를 찾아볼 수도 있다.

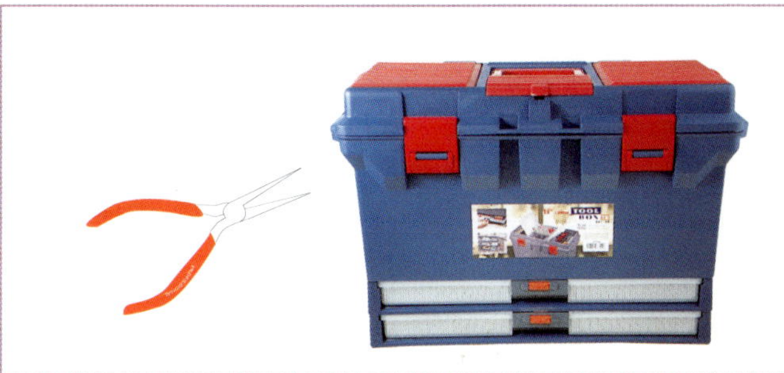

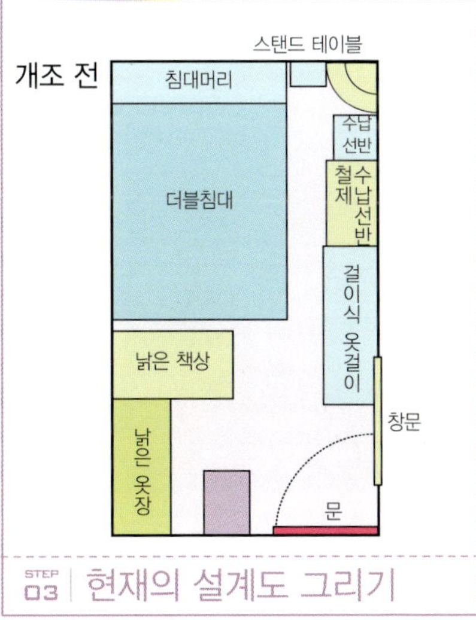

STEP 03 | 현재의 설계도 그리기

가구 매장에서 적당한 수납 가구를 구입하기 전에 먼저 설계도를 그리거나 스케치를 한다. 이러한 도면은 사전 측량한 수치로 제작하며, 도면상에는 반드시 공간의 크기가 정확하게 보이도록 등비례로 축소한다.

도면상의 가구 배열은 실제 배치와 같게 하며, 원래의 모습을 완전히 나타내야만 새 가구를 구매하고 새로 계획을 짜는 데 참고가 된다.

STEP 04 | 공간 분위기 결정

집안 인테리어와 그에 관련된 여러 서적을 참고하여 자신이 원하는 집안 스타일을 찾는다.
만약 자신이 원하는 분위기를 정확히 파악하지 않고 시작한다면 가구 및 장식품 구매와 배치시에 분위기
가 잡다해지고, 색조 형식이 통일이 되지 않아 원래의 의도와 많은 차이가 있을 수 있다.

STEP 05 | 어울리는 수납 가구 찾기

분위기를 결정한 다음, 그전에 그렸던 Before 설계도, 측량한 가구치수와 집안 분위기 참고 자료를 가지고 매장에 가서 가구를 고른다. 서두르지 말고 먼저 스타일, 형식, 색깔이 맞는 가구의 사이즈를 기록하자.

많이 둘러보아야 이후 설계도를 계획하는 데 참고하기 좋으며, 가격과 상품 번호도 기록해야만 예산의 통계를 낼 수 있다.

예산이 한정되어 있다면 거기에 맞추어 가구를 고른다. 가구를 선택할 때는 반드시 사이즈와 기능에 주의해야만 필요 없는 것을 사지 않게 되어 낭비를 막을 수 있다.

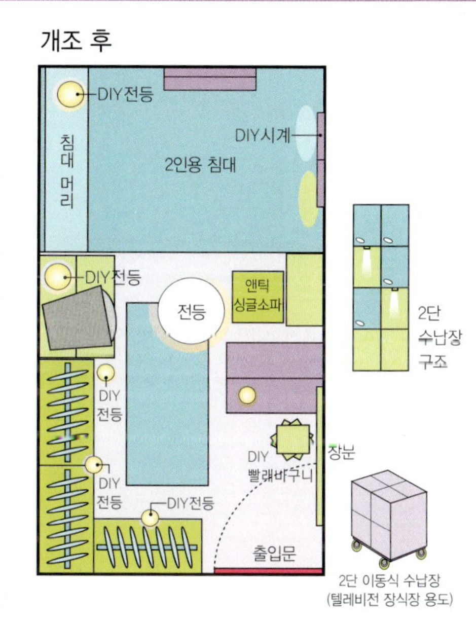

STEP 06 | 개조 후의 설계도 그리기

가구를 선택한 후에 가장 중요하며 가장 어려운 계획 작업을 시작한다. 먼저 공간을 뽑아내고, 얼마나 많은 물건을 수납할지, 몇 개의 수납장이 필요할지, 어디에 수납 가구를 들여야 할지, 알맞은 수납 가구가 있는지, 아니면 직접 가구를 제작해야 할지를 계산한다.

만약 어울리는 가구가 없다면, 3단 박스를 조합하여 새로운 수납 가구를 만들 수도 있다.

가구의 배치 위치와 물품의 위치를 확정한 후에 시공 평면도를 그려서 Before와 After를 비교해보면 얼마나 바뀌었는지가 일목요연하게 드러난다.

STEP 07 | 가구 재료의 확정과 구매

설계도와 구매가 필요한 재료들을 확정한다.

일단 재료가 다 갖추어진 후 공간 정리작업을 통해 비로소 실행 단계에 들어가게 되는데, 이때 수납의 기본원칙을 이해하면 신속하게 완성할 수 있다.

CREATION

03

에디가 알려주는
간단한 수납개조

 **CHAIR**   낡은 의자 리폼하기

 **CHEST**   옷장을 깔끔하게 정리해보자

 **RECYCLING**   폐품의 변신, 실용적인 수납 도구 만들기

 **CHANGE**   Sunny Life 여름날 바다 느낌

 **CHANGE**   일본풍으로 꾸민 독신 남자 하우스

 **CHANGE**   오래된 방을 오리엔탈풍의 세련된 방으로

낡은 의자 리폼하기

꽃무늬 천으로 고풍스러운 느낌을 줄 수 있다.

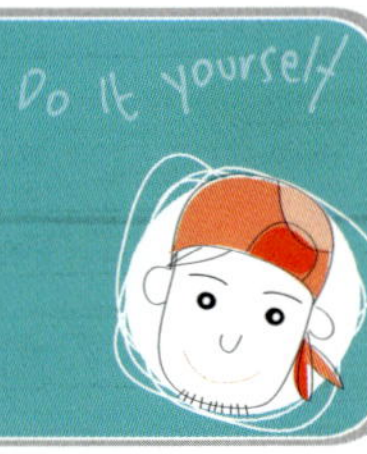

이 오래된 의자는 원래 도로변에 버려져 있었다. 누가 집어가기 전에 얼른 집으로 가져와 이리저리 살펴보니 "끼익끼익"하는 소리가 났다.

어딘가 나사가 느슨해진 것이 분명했고 시트도 손상되어 있었다. 페인트칠은 살짝 벗겨지긴 했지만 아직 골격은 멀쩡했기 때문에 리폼을 하면 새것처럼 될 것 같았다.

개조의 고수 에디는 이 의자를 두 가지 스타일로 리폼을 하였다. 에디가 이 의자에 어떻게 새로운 생명을 불어넣었는지 함께 살펴보자.

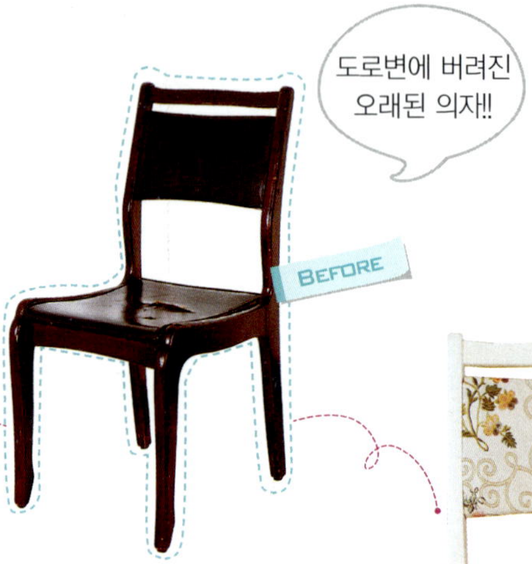

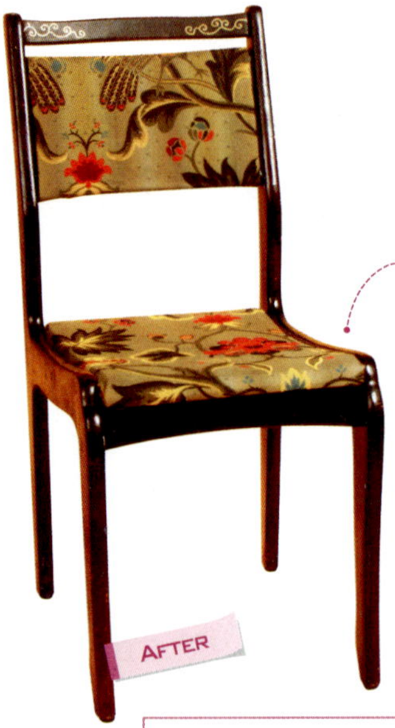

상하이 엔틱 스타일

나무 틀의 짙은 색을 살리고, Zoffany의 Oiseaux de Paradis의 꽃무늬 스타일을 더했다. 의자 등받이에는 약간의 꽃문양을 그려 넣어 짙은 엔틱 느낌을 주었다.

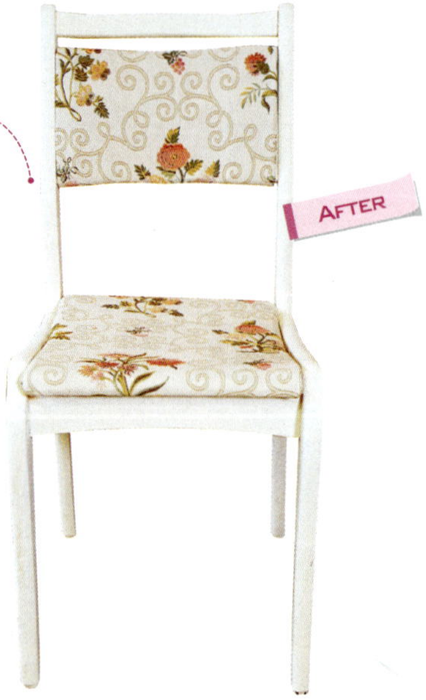

유럽 컨트리풍 스타일

소박한 유럽 컨트리풍을 나타내기 위해 대담하게 흰색으로 목재 의자 틀을 칠하고 Knot Garden의 꽃무늬 천으로 옛스러운 느낌을 살렸다.

☐1│ 의자가 지저분해요

세제를 이용하여 의자의 더러워진 곳을 구석구석 깨끗하게 닦아낸다.

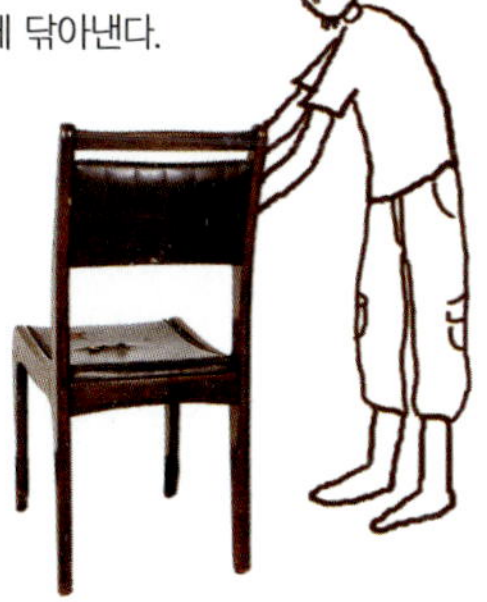

☐2│ 의자가 흔들려요

앉았을 때 '끼익끼익' 소리가 나면 대부분 시트 밑판의 고정 나사가 느슨해졌기 때문이다.

☐3│ 시트가 망가졌어요

나사로 시트 밑판을 고정하고 시트 쿠션을 천으로 감싼다. 시트 표면은 U자 침으로 고정이 되어 있으므로 억지로 벗기지 말고 원하는 천으로 덧씌운다.

☐4│ 목재에 흠집이 있어요

의자의 틀은 대부분 견고하지만 장기간 사용하다 보면 목재 부분에 흠집이 생기기도 한다.

시트의 천을 고정할 때는 기중에 판매되고 있는 타카총을 사용해 단단히 고정한다.

☐5│ 나사가 느슨해요

의자가 흔들릴 때에는 그 부위의 나사를 다시 꽉 죄어주면 된다.

옷장을 깔끔하게 정리해보자

옷이 많고 적음을 떠나서 옷장 안의 옷을 찾는데 시간이 오래 걸리는 사람들이 있을 것이다. 그것은 옷의 정리 상태가 올바르지 않기 때문이다. 그런 사람들을 위해 수납의 달인 에디가 나섰다.

제대로 된 수납이 생활을 더 편리하게

에디의 옷장 개조 노하우

BEFORE

의뢰인 – Mr. 심

집안에 대형 옷장이 있지만 옷과 신발이 너무 많아서 복잡하고 꺼내 입기도 불편했다.
자신의 옷들을 꺼내기 편하고 또 보기 좋게 정리해 주기를 에디에게 부탁하였다.

함께 옷장을 정리해 봅시다!

옷장 안에는 여러 가지 색상과 스타일의 옷, 그리고 액세서리 및 가방과 신발이 뒤섞여 있었다.
이러한 물품들을 적당히 수납을 하고 규칙적으로 정리를 하면 최고의 효과를 낼 수 있지만 만약 그렇지 않으면 필요한 옷을 찾기가 매우 힘들어진다.
따라서 적당한 수납 기교는 물건이 가득차서 걱정인 현대인들에게 필요한 필수 상식이다. 명품 의류는 따로 알맞게 보관하면 그 가치는 영원히 사라지지 않는다.
일반 의류와 액세서리, 잡화류를 따로 수납하면 옷의 질감을 유지할 수 있다.

AFTER

□ 1 │ 색깔로 구분

옷을 걸어 놓을 때 긴 소매와 짧은 소매로 구분하는 것 외에 색깔에 따라 구분을 하면 깔끔하고 가지런하다.

□2 | 신발 촬영

신발을 수납하기 전에, 먼저 신발
을 사진기로 촬영한다.

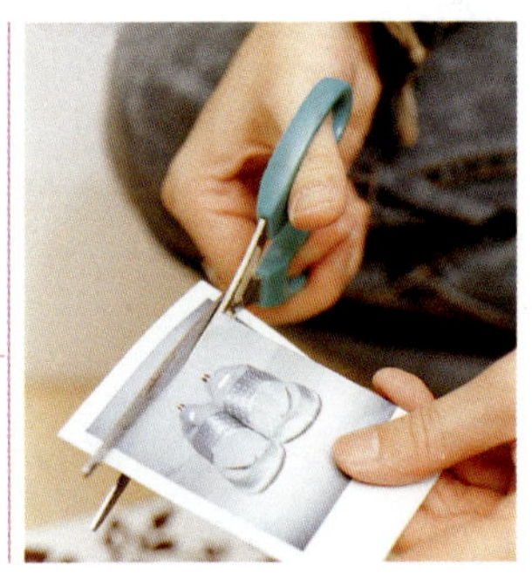

□3 | 적당한 크기로 자른다

찍어 놓은 신발의 사진을 적당한 크기로 자
른다.

□4 | 신발은 신발 상자에 넣는다

시장에서 구할 수 있는 예쁜 신발 상자에 신발을
넣는다.

□5 | 신발 사진을 붙인다

방금 찍어서 잘라놓은 사진을 신발 수납
상자의 정중앙에 붙여 놓으면 한눈에 확인
하기 쉽다.

□6 | 가로 봉을 뜯어낸다

옷장의 아래쪽 가로봉은 거의 쓰지 않고 공
간을 낭비하므로 뜯어낸다.

□7 | 커다란 수납 주머니를 부착

아래쪽 가로봉을 없애니 공간이 조금 생겼다 길게
늘어지는 수납 주머니를 걸고 양말 등 자주 입는 옷
들을 수납하면 공간을 충분히 활용할 수 있다.

□8 | 분류를 확실하게

수납 주머니의 각 칸에 양말, 속옷 등을 구
분하여 놓아둔다.

□9 | 환절기에 따른 옷의 수납

겨울옷과 이불은 조금 큰 수납 상자에 넣어두어 계
절이 바뀌면 꺼내어 사용한다.

1 □ | 입는 빈도에 따라 구분한다

자주 입지 않는 옷들은 작은 수납 상자에 넣어 두면
나중에 쉽게 찾을 수 있다.

1 1 | 빠르고 효율적인 상자식 수납

여러 가지 상자를 이용하여 대부분의 옷들을 수납한다.

에디의 선반 정리 · 노하우

□1 | 종이판으로 바구니의 크기를 잰다

먼저 박스 종이판으로 등나무 바구니의 실제 크기를 측정한다.

□2 | 남는 부분을 자른다

종이판의 남는 부분은 자르고, 바구니와 같은 크기가 되도록 자른다.

□3 | 종이판을 대고 옷을 갠다

종이판을 옷의 정중앙에 놓고 종이판과 같은 크기로 옷을 접는다.

□4 | 종이판을 빼낸다

옷을 다 접은 후 안의 종이판을 빼내면 바구니 크기로 옷을 갤 수 있다.

□5 | 바구니 안에 옷을 넣는다

모든 옷들은 종이판 접이법을 사용하여 가지런하게 등나무 바구니에 넣을 수 있다.

□6 | 털 옷은 말아서 수납한다

털옷과 스웨터는 둘둘 말아 한 곳에 수납하면 꺼내기 좋다.

□7 | 입는 빈도에 따라서 놓는다

자주 안 입는 바지나 외투 등은 가지런히 바구니 안에 넣는다.

□8 | 작은 등나무 바구니에 10벌의 옷을 수납

등나무 바구니 크기에 맞게 옷을 개었기 때문에 가지런히 배열할 수 있고, 공간도 절약된다.

□9 | 수건걸이에 신발을 놓는다

원래 수건을 거는 나무 가로봉에 신발을 놓으니 전시 효과가 생겼다.

1ㅁ 공간 규격에 맞게 수납 방법을 정한다

자주 입는 옷은 아래쪽 서랍 크기에 맞게 개어 가지런히 넣어 놓는다.

11 등나무 바구니를 이용하여 수납한다

선반에는 크기에 맞는 바구니를 올려놓아 옷이 보이지 않게 정리해 깔끔한 느낌이 나도록 한다.

폐품의 변신
실용적인 수납 도구 만들기

DIY 01 냄비 뚜껑 걸이

📦 재료 _ 옷걸이 2~4개

옷걸이를 이용하여 냄비 뚜껑을 벽에 걸어둘 수 있다.

📦 만드는 법

01 | 옷걸이를 마름모 모양으로 늘린다.

02 | 중간에서 2/3되는 부분을 안쪽으로 꺾는다.

03 | 왼쪽도 같은 방식으로 안쪽을 꺾어 준다.

04 | 양 옆을 잡고 가운데로 오무린다.

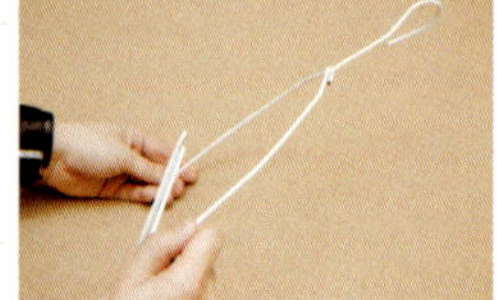

05 | 옷걸이 옆쪽에서 봤을 때 30°로 V자가 되면 완성.

06 | 2개 이상의 옷걸이를 똑같이 만들어 연결시킨다.

DIY 02 조미료통 걸이

📦 재료 _ 옷걸이 1개, 집게 2개

📦 만드는 법

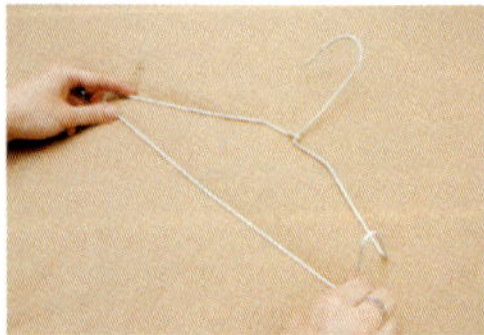

01 | 옷걸이의 오른쪽 1/4 되는 부분을 위를 향하여 꺾는다.

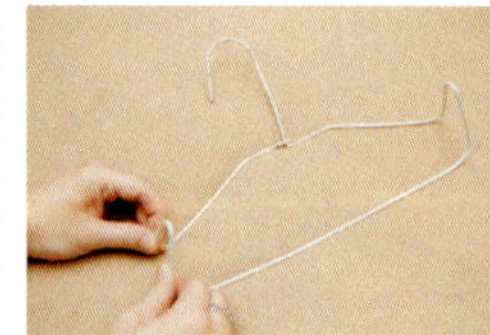

02 | 왼쪽 1/4 되는 곳도 같은 방식으로 꺾는다.

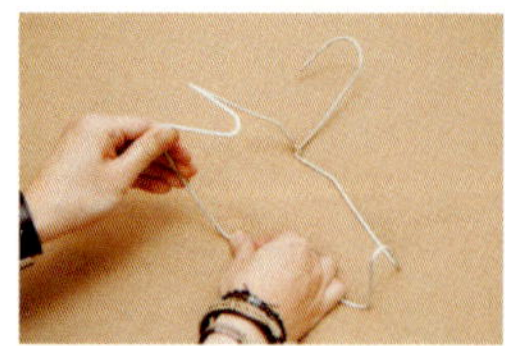

03 | 중앙선을 기준으로 반으로 접는다.

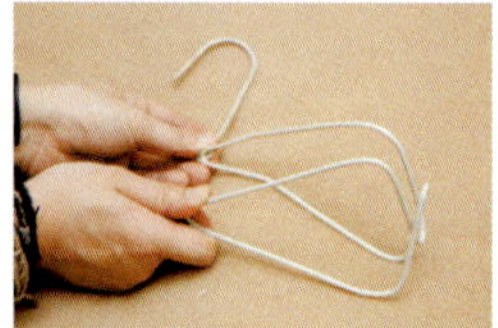

04 | 양쪽 끝부분을 교차시킨다.

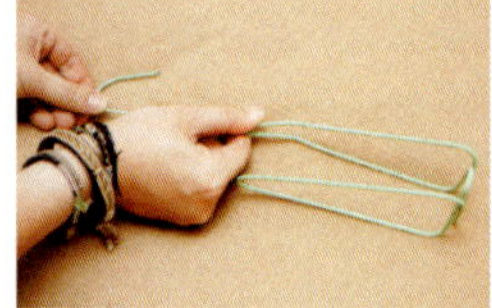

05 | 옷걸이의 목 부분을 직선으로 편다.

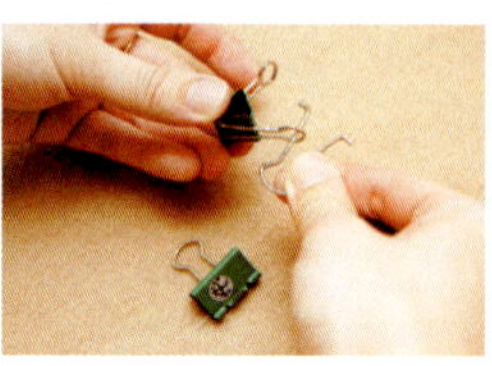

06 | 집게의 한쪽 끝을 다른 집게와 연결한다.

반 정도 사용한 된장과 케첩, 마요네즈 등을 옷걸이와 집게로 수납하면 사용하기에 편리하다.

DIY 03 고무줄로 주방도구 수납하기

📦 재료 _ 두꺼운 고무줄, 압정 3개

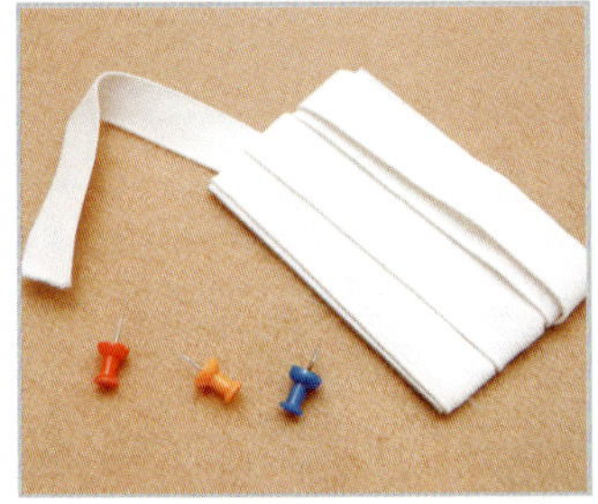

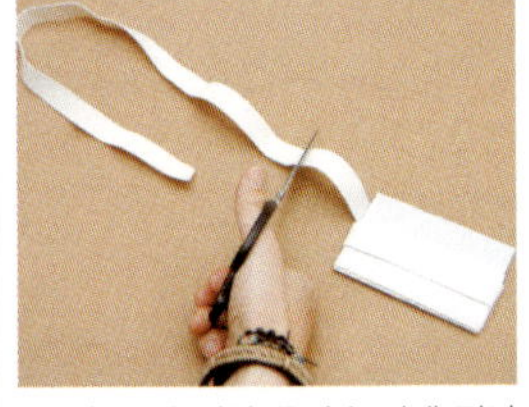

01 | 수납 서랍 문의 높이에 적당한 길이로 고무줄을 자른다.

고무줄을 이용하여 주방 용품을 서랍 문에 수납하면 꺼내기 쉽고 사용하기 편리하다.

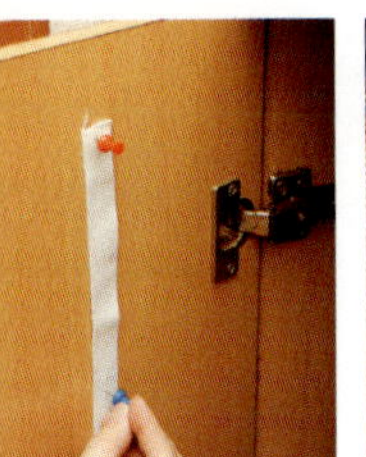

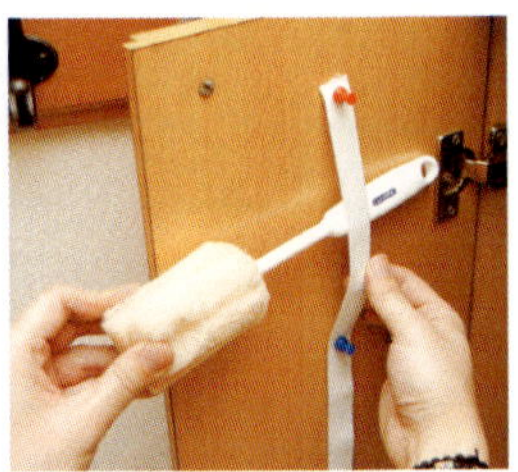

02 | 자른 고무줄을 압정으로 서랍 문 안쪽에 팽팽하게 고정하고, 압정 사이에 적당한 간격을 둔다.

03 | 고무줄 사이에 주방용품을 끼워두면 말끔하게 정리할 수 있다.

DIY 04 도마 수납대

📦 재료 _ 옷걸이 2개, 조임줄 3개

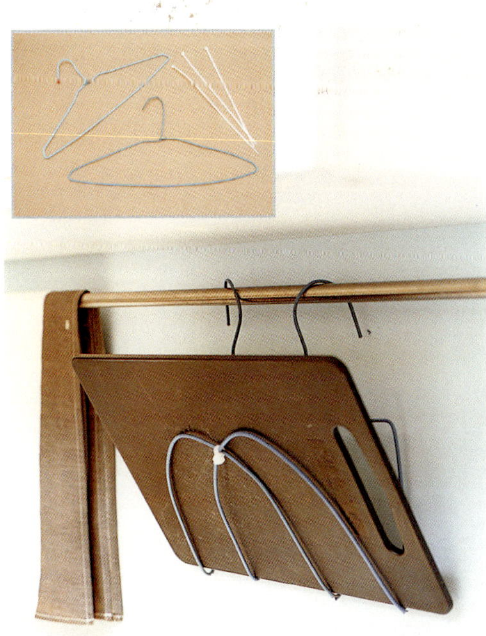

특제 도마 수납대로 도마를 벽에 고정시킨다.

01 | 옷걸이를 마름모 모양으로 늘린다.

02 | 양쪽을 평평하게 눌러서 형태를 손질한다.

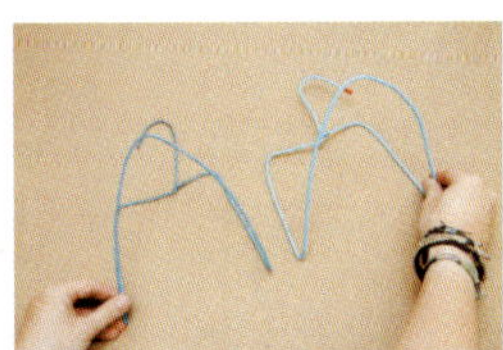

03 | 세로 방향으로 반을 접는다.

04 | 다른 옷걸이도 똑같이 만든 다음 두 옷걸이를 겹친다.

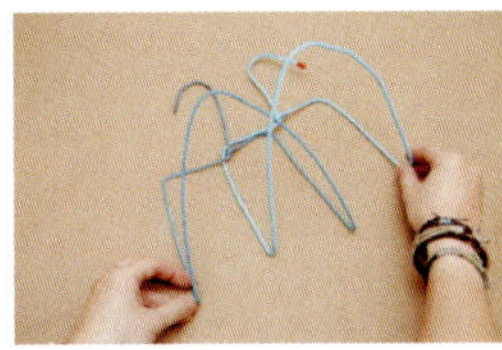

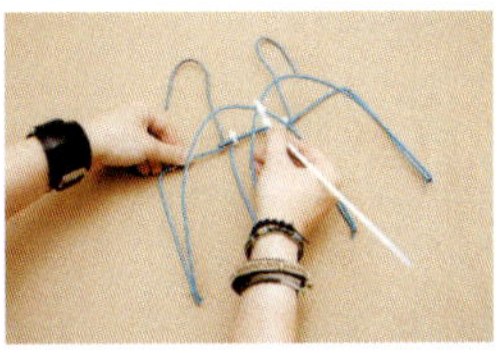

05 | 겹친 후 구부러진 교차점을 조임줄로 고정한다.

06 | 다시 조임줄로 중간의 접합 부분을 꽉 조인다.

Sunny Life 여름날 바다 느낌

작은 방 안에 3가지 분위기의 공간을 누릴 수 있도록 디자인했다. 들어오는 곳의 현관, 휴식공간인 침대, 독서 및 작업공간으로 꾸몄다.

사실 넓은 공간이지만 어떻게 보아도 빼곡히 들어차 있고 흐트러져 있는 간이 옷장, 탁자와 자리를 차지하는 컴퓨터 책상 그리고 상자와 주머니로의 수납 상자와 주머니가 불규칙적으로 놓여있었다.

거기다 음침한 공간 색채는 방 전체를 불편하게 만들었다. 에디는 색채, 빛의 조성, 효율적인 수납 문제에서 출발하여 차근차근 공간의 문제를 해결했다.

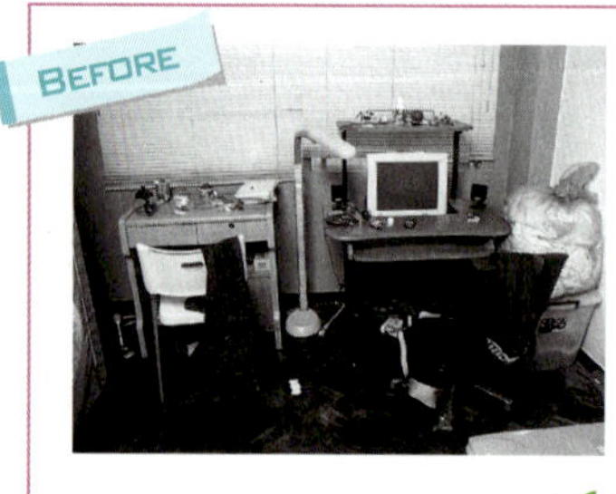

개조 전 문제점

방에 들어서자마자 회색, 보라색, 주황색의 음침하고 무거운 벽면 색채에 압도당하게 되는 특이한 방이었다.

특별한 수납물은 없었지만 공간만 차지하는 탁자에 계속 물건을 쌓아 두고 있었고, 많은 옷들은 쓰레기봉투에 쑤셔 넣어 보관하고 있었다.

옷장도 무게를 잘 견디지 못하여 바깥쪽이 이미 갈라져 있었다. 수집한 피규어들은 박스에 모아져 있었고 종이 상자에는 책들이 어지럽게 정리되어 있었다.

일반 생활 용품들은 바닥과 책상에 여기저기 흩어져 있어 사용할 때 매우 불편했다.

중점 개선 사항

□3 파티션으로 구역 나누기

반투명 파티션은 스탠드의 등불을 반 정도 가려 침실에 은은한 빛이 들게 한다.

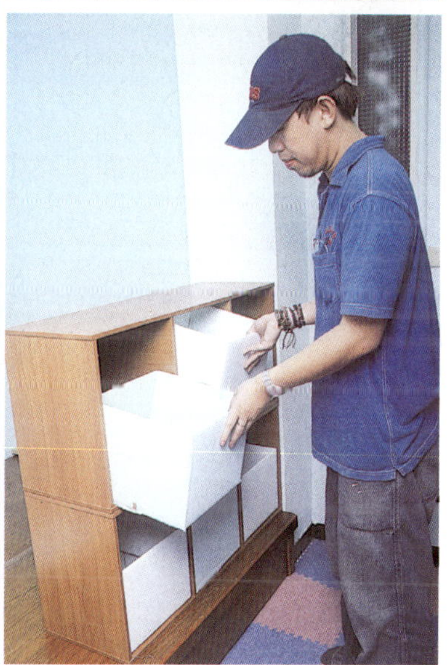

□1 현관 구역 정리하기

3단 책꽂이 2개를 가로로 겹쳐놓아 침실과 현관을 분리하였다.

□4 수납박스 만들기

3단 책꽂이에 딱 맞는 크기의 상자를 만들어 벽과 같은 계열의 색을 칠해 색상의 변화를 유도하였다.

□2 피규어 전시

스튜어디스 피규어 수집을 좋아하지만 박스에 보관할 수밖에 없었다.
에디의 도움으로 소형 플라스틱 상자를 벽면에 고정시켜 스튜어디스 인형을 올려두었더니 훌륭한 전시공간이 만들어졌다.

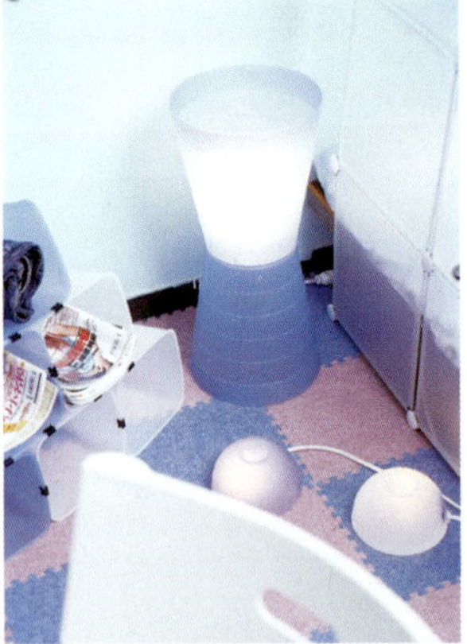

5| 개성있는 수납공간의 설계

독서 및 작업 공간에는 코너와 벽에 3가지 수납 칸을 만들어
파란색 위주로 색채감을 표현하였다.

6| 계단식 수납 칸

같은 모양의 다른 색깔의 쓰레기통을 실리콘으
로 붙이고 집게로 각 통을 연결하여 바닥에 쌓
아놓았다.

7| 분위기 있는 조명

파티션 앞에 높낮이가 다른 두 개의
조명을 두어 방의 어두운 부분에 빛
을 보충하였다.

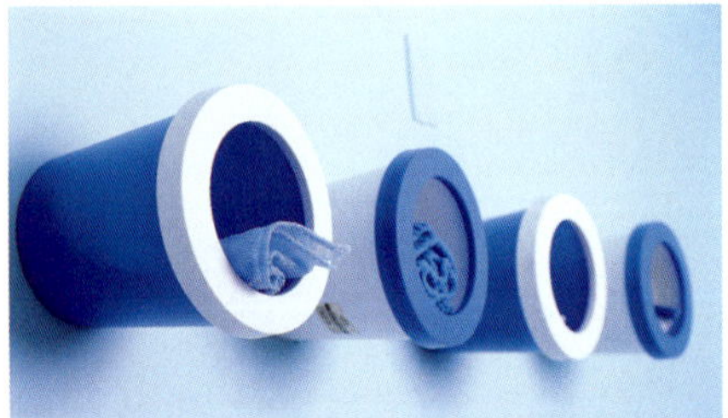

8| 벽면 수납통

긴 플라스틱 통을 벽에 붙여 색다른 수납통을 만들 수
있다. 마치 가게의 인테리어처럼 세련되어 보인다.

9| 이동식 옷 바구니

쓰레기통 밑에 바퀴를 달아 이동할 수
있는 옷 바구니를 만들 수 있다.

10| 옷 수납 공간

입구 좌측에는 걸이식 수납 망을 걸어 임시로 갈아입는 옷
을 놓을 수 있게 하였다.

인테리어 기록

DIY STEP

책꽂이 수납박스

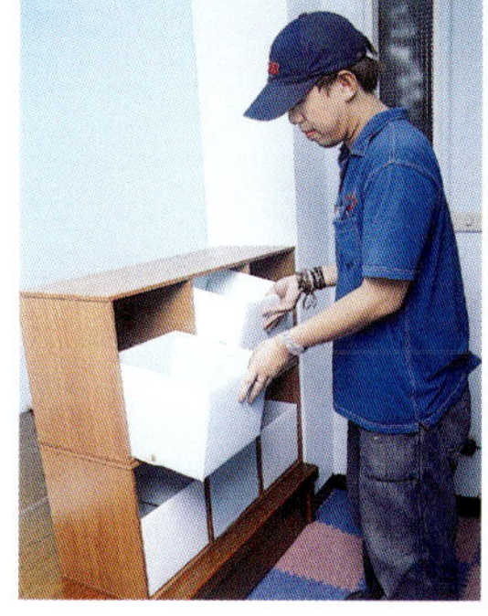

재료 _ 3단 책꽂이
종이 상자

만드는 법

01 | 전동 드릴로 3단 책꽂이 2개를 조합한다.

02 | 벽 색깔에 따라 종이 상자를 칠하고 칸막이 장에 넣어 수납
박스로 사용한다.

벌집 수납공간

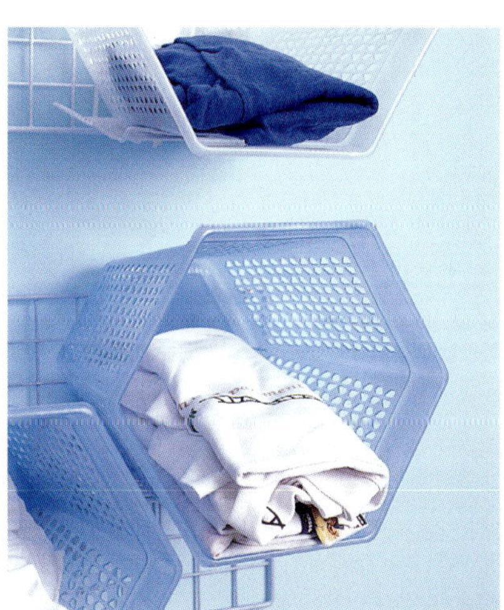

지료 _ 6각 바구니
작은 철망
조임줄

만드는 법

01 | 벽에 2개의 걸이식 나사를 박고 철망을 건다. 육
각 바구니와 철망을 조임줄로 견고하게 고정시
킨 후 남는 조임줄을 잘라낸다.

02 | 같은 방법으로 연필꽂이와 철망을 연결하여 벌
집 모양으로 꾸민다.

피라미드 수납공간

재료 _ 작은 쓰레기통
집게

만드는 법

01 | 모든 쓰레기통을 실리콘으로 서로 붙인다.

02 | 다시 집게로 쓰레기통 사이를 집어서 고정한다.

일본풍으로 꾸민 독신 남자 하우스

생활 습관이 썩 좋지 못한 구조대원 Moon씨는 출근 시간이 고정적이지 않고 일이 바쁘기 때문에 3평짜리 작은 방도 지저분해서 걷기도 불편할 정도였고, 만화책은 산더미처럼 쌓여있어서 만화책을 옆으로 밀어야만 잠을 잘 수 있었다. 전문가의 도움이 절실히 필요한 상황이었다.

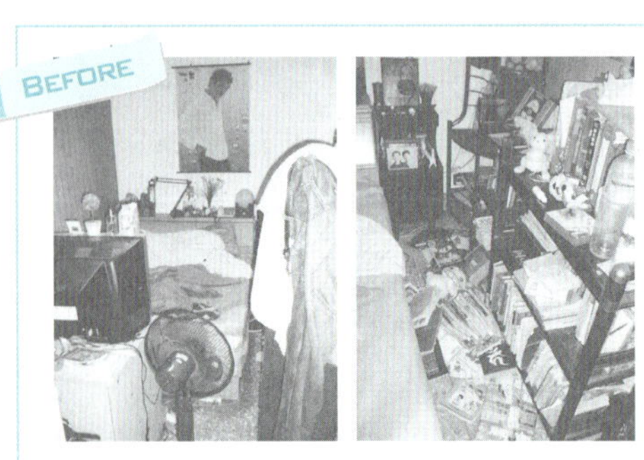

🗿 개조 전 문제점

1. 수영 용품이 많지만 수납할 곳이 없다.
2. 만화, 잡지가 곳곳에 널려 있다.
3. 게임기와 주변기기들을 놓아둘 곳이 없다.
4. 자기 전에 만화를 보는 습관이 있는데. 보고 나서는 그냥 바닥에 던져 놓는다.
5. 옷은 많지만 넣어둘 공간이 없다.
6. 갈아입은 옷은 문가에 쌓아놓아 보기에 좋지 않다.
7. 쓰레기가 많지만, 버릴 곳이 없어서 문 앞에 쌓아 두었다.
8. 바닥에 전선이 노출되어 있어 복잡해 보인다.

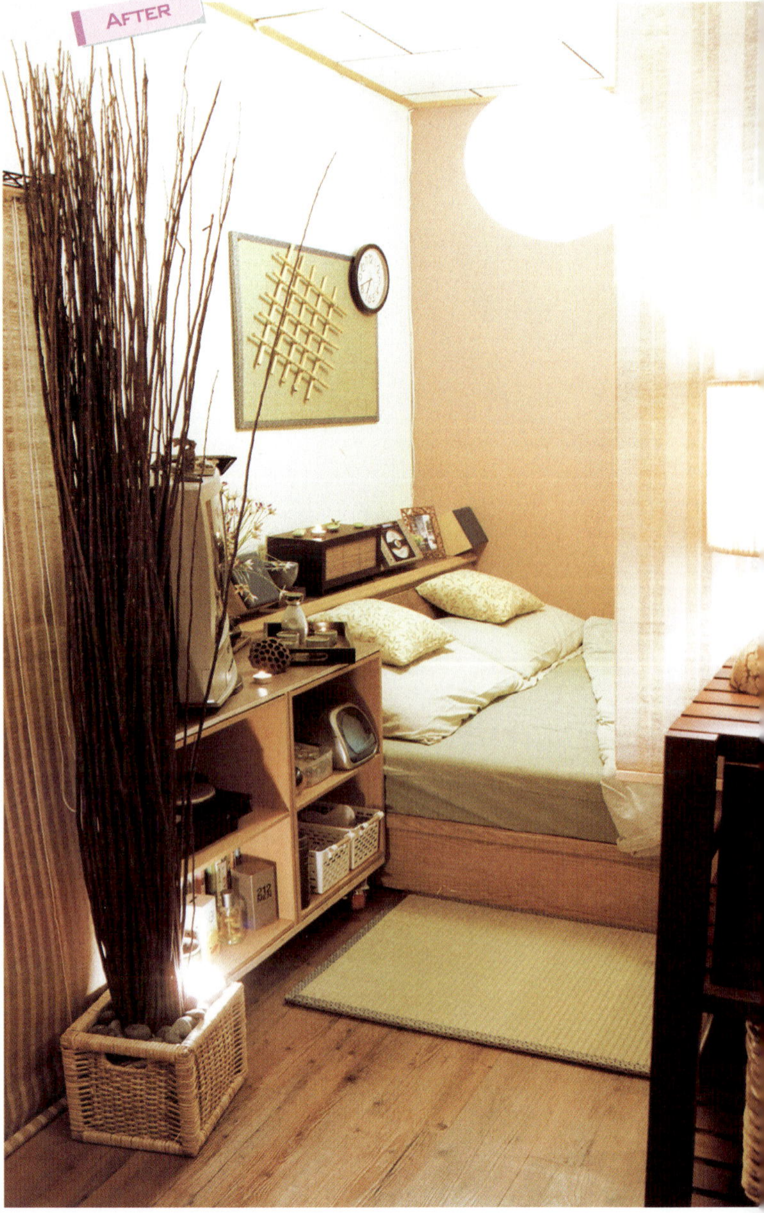

현관에 들어서자마자 느껴지는 따스한 일본 스타일

원래 정리정돈 습관이 좋지 않고 곳곳에 물건을 쌓아두어서 통행이 어려운데다 보기에도 좋지 않았다.

전문가의 개조를 거치자 작은 현관이 생겼고, 일본풍의 서랍장 위에는 전등과 방향도구, 각종 소품을 올려두었다.

서랍장 안에는 잡다한 물건과 아직 빨지 않은 옷을 넣어두었다. 서랍마다 각기 다른 색으로 표시를 하여 안에 무엇이 들어있는지 나타내는 방법은 정리정돈이 좋지 않은 사람에게 적합한 방법으로, 색에 따라 규칙적으로 정리를 할 수 있어 공간을 깔끔하게 유지할 수 있다.

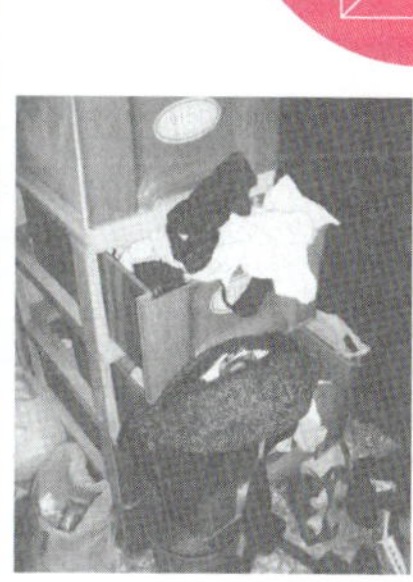

수납 기능의 최대화

전문가 에디는 철재 3단 옷걸이를 마련하여 그 많던 옷을 전부 수납하였다. 옷걸이 아래에는 서랍이 있고 그 위에는 가방을 둘 수 있는 공간과 외투를 걸어놓을 수 있는 공간으로 나누어 공간을 실용적으로 활용할 수 있었다.

에디는 옷걸이에 색을 칠하여 종류별로 옷을 나누어 걸도록 하였으며 색깔이 잘 보이도록 옷을 띄엄띄엄 걸으라고 의뢰인에게 일러두었다.

잡동사니를 한곳에 모은다

가장 큰 문제는 의뢰인의 정리정돈 습관이었다.

사용한 물건을 제자리에 두지 않고 여기저기 흩어두다 보니 침대 위에 동전, 손톱깎이, 과자봉지 등이 보이는 것은 예사였고, 혹여 발로 잘못 밟기라도 하면 다칠 위험도 있었다.

따라서 에디는 양면 TV 장식장을 만들어 뒤쪽에는 안 쓰는 물건들을 수납하고 앞에는 자주 쓰는 물건들을 수납 바구니에 넣어 정리할 수 있도록 하였다.

양면 TV 장식장 아래에는 바퀴를 달아 필요할 때 쉽게 뒤로 돌려 물건을 꺼낼 수 있도록 하였다.

책은 쌓아두는 것이 아니라 꽂아두는 것이다

의뢰인의 집에서 가장 놀라웠던 것은 집안 가득 쌓아 있었던 만화책과 잡지들이었다. 침대에 오르기 위해서는 책을 밟을 수밖에 없었다.

지금은 에디의 손재주 덕분에 그럴 필요가 없어졌다. 그는 의뢰인을 위한 작은 '책방'을 설계하여 책방에서 쓰는 이중 책장을 들여놓아 그 많은 책과 잡지, CD들을 정리하였다.

책장이 생기자 의뢰인은 자발적으로 정리에 참여하여 한쪽에는 자신이 수집하는 컬렉션들도 전시해 일석이조의 효과를 얻었다.

소파 공간의 수납

소파 옆의 작은 공간에 2단 책장을 쌓아 물건을 수납한다. 여닫이식 문을 달아 복잡한 물건들이 보이지 않도록 깔끔하게 정리하고, 여기에 등불을 켜놓으면 은은한 조명이 장식 효과를 더한다.

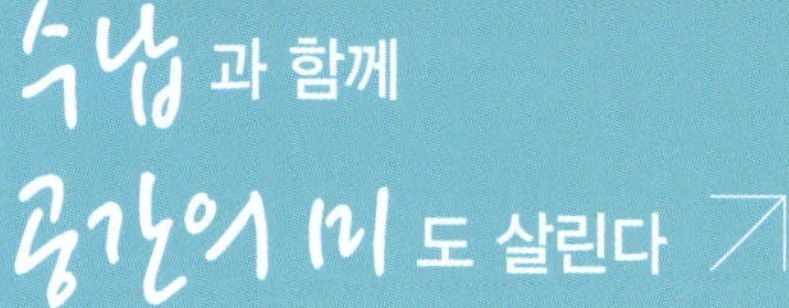

친구와 함께 하는 휴식 공간

의뢰인은 친구를 초대했을 때 함께 휴식을 취할 수 있는 공간이 있었으면 좋겠다고 하여 원래 침실 공간의 일부를 휴식공간으로 바꾸자 보기에도 편안해보일 뿐만 아니라 다양하게 활용할 수 있게 되었다.

나무 밑의 조명

나무줄기를 한데 모아 능나무 바구니에 넣고, 신문지를 말아 넣어 밑부분을 고정한다. 전등을 설치한 후 전선을 바구니 밖으로 뺀 다음 동그란 자갈을 채워 넣으면 완성된다.

돗자리 장식 선반

평소 집에서 볼 수 있는 마로 된 돗자리를 벽의 선반 위에 걸고 선반 위에 양면테이프로 돗자리를 고정하여 돗자리가 선반을 타고 늘어뜨려지게끔 하면 완성된다.

다다미 알림판

일본 느낌이 나는 다다미를 벽에 걸고 귀퉁이에 시계를 건다. 원예시 쓰이는 격자 틀을 마름모 모양으로 다다미 위에 붙여 각종 소품을 걸수 있도록 한다.

오래된 방을
오리엔탈풍의 세련된 방으로

이번 개조 대상은 30년 가까이 된 오래된 방으로, 의뢰인이 시집왔을 때 가져온 오래된 가구가 자리를 차지하고 있었고 침대 머리맡에는 잡동사니로 가득했다. 사방에 정리되지 못한 물건들이 널려 있었고 벽에는 곰팡이가 피었으며, 가구 또한 낡고 망가져 음침한 느낌도 들었다.

앞으로 이 방에 시부모님께서 지내시게 되는데, 그 때문에 의뢰인은 골머리를 앓고 있었다.

다행히 수납 전문가 에디가 방문하여 노부부가 살기 알맞은 고풍스러운 방으로 탈바꿈시켰다.

AFTER

BEFORE

개조 전 문제점

1. 침대 주변은 잡동사니로 가득 쌓여 있다.
2. 침대 머리맡 주변에는 온통 잡다한 물건들로 가득하다.
3. 오래된 가구들은 색이 떨어져 나갔다.
4. 벽지의 색이 바랬고 곰팡이가 핀 흔적이 있다.
5. 문 뒤쪽은 사용되지 않아 공간이 낭비되고 있다.
6. 돌바닥이 차갑고 미끄러지기 쉬워 노인이 지내기에는 적합하지 않다.
7. 해가 지면 어두워져 빛이 부족하다.

의뢰인의 요구 사항과 개조 포인트

1. 공간이 밝고 부드러웠으면 좋겠다.
2. 잡동사니를 모두 안 보이는 곳에 수납할 수 있으면 좋겠다.
3. 가구의 뾰족한 가장자리 등 위험한 부분이 없도록 수리되었으면 좋겠다.
4. 바닥이 나무로 되어 온돌이 들어왔으면 좋겠다.
5. 물건 정리와 찾기가 편했으면 좋겠다.
6. 중후한 오리엔탈풍이면 좋겠다.

배치를
중점적으로
개조하였다 ↘

입구의 수납공간을 살린다

원래 입구쪽의 바닥에는 잡동사니가 쌓여 있었고, 오염된 벽은 단조로워 보였다. 에디는 침대로 가는 동선을 방해하지 않는 선에서 4장의 20×60 나무판과 4장의 송판, 32개의 1자형 꺾쇠로 우아하고 섬세한 수납장을 짜 넣었다.

밝고 부드러운 공간 색조

공간을 환하고 부드럽게 꾸미기 위해 에디는 벽에 연노랑 색의 페인트를 칠하였다.
과연 공간이 더욱 부드러워 보였으며, 여기에 벽등, 스탠드 등으로 조명 효과를 주자 공간이 더욱 넓고 따스해 보였다.

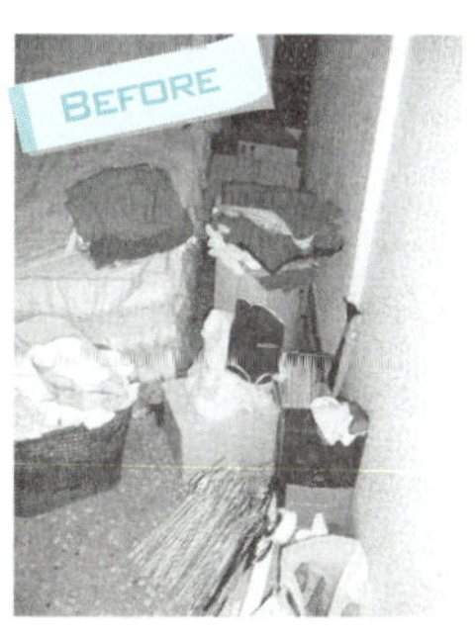

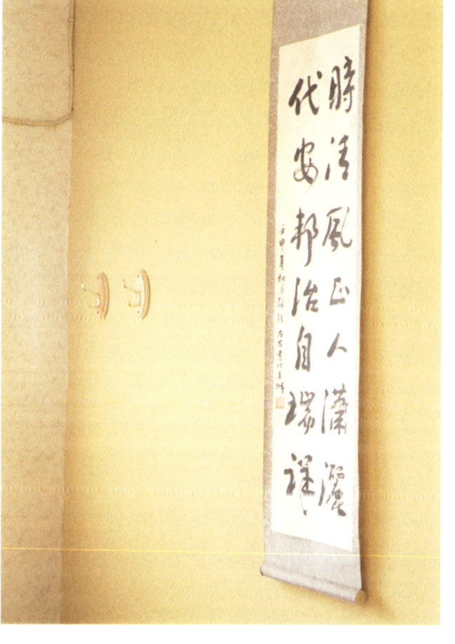

문 뒤의 공간도 충분히 활용한다

문 뒤쪽의 공간을 낭비하는 것은 참 아까운 일이다. 에디는 두 개의 4단 책꽂이를 쌓아 긴 수납장을 만들고, 여기에 바닥에 쌓여 있던 온갖 잡동사니를 수납하였다.
비교적 긴 물건은 모서리에 세워두고 벽에는 고리를 걸어 우산이나 작은 가방을 걸 수 있도록 하였다.

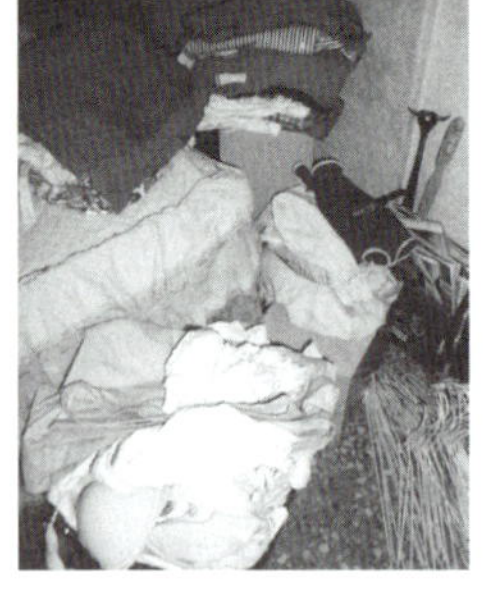

침실과 바닥을 따뜻하게

돌로 된 바닥은 노인이 사는 집에는 어울리지 않아 경제적이면서
도 실용적인 원목 바닥을 붙여 제한된 예산 내에서 따스한 느낌을
주었다. 침대 아래에 가득 들어 있던 잡다한 물건들은 바퀴 달린
수납 상자에 넣어 침대 밑에 두니, 찾기도 쉽고 깔끔해졌다.

침대 머리맡과 침대 옆의
공간 활용

침대 머리맡에 여러 잡동사니들이 있어
보기 흉할 뿐만 아니라 위험하기도 했다.
에디는 침대 머리맡에 있던 물건들은 모
두 문 뒤의 수납장으로 옮기고, 베이지색
페인트로 칠하여 깔끔하게 바꾸었다.
여기에 화병과 작은 스탠드를 놓아 분위
기를 살리고, 벽에는 할머니와 할아버지
의 사진을 걸어두었다.
벽에는 원예 울타리를 놓고 작은 통들을
걸어두어 공간을 차지하지 않고도 작은
물건들을 수납할 수 있도록 하였다.

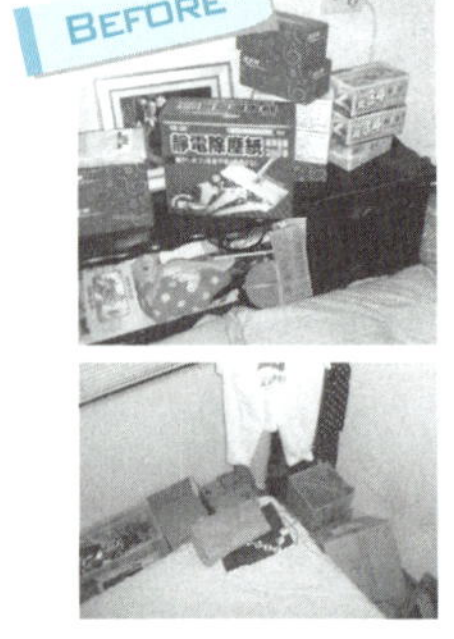

오래된 화장대의 리폼

이 화장대는 의뢰인이 결혼했을 때 장만한 것으로, 오래되어 빛이 바래고 모서리는 갈라져 자칫하면 지나가다가 긁힐 수도 있었다.

리폼이 필수라는 판단에 에디는 화장대의 물건들을 창가 벽면의 수납통으로 옮기고 풀로 갈라진 부분을 붙였다. 여기에 사인펜으로 나무 색과 무늬를 칠하니, 낡았다는 느낌은 사라지고 고풍스러운 앤틱 느낌의 화장대로 재탄생했다.

새로운 배치와 리폼을 통해 원래 모습과는 전혀 다른 새로운 방이 되었다. 잡동사니들은 구석구석에 숨겨지고, 보이는 것은 따뜻한 바닥과 앤틱 느낌의 소품, 그리고 밝고 온화한 빛 뿐이다.

낡고 음침했던 오래된 방이 노부부가 안심하고 지낼 수 있는 밝고 따스한 방으로 다시 태어났다.

MASTER

04

수납의 달인을 만나다

전문가의 정리 노하우

이동성을 고려하여 수납한다.

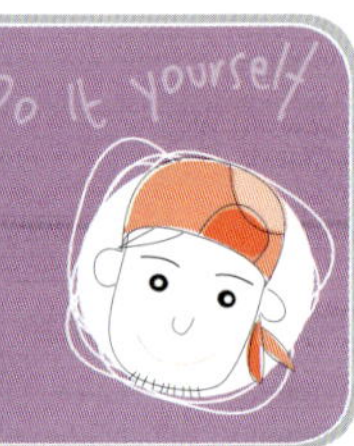

텔레비전 프로그램과 잡지 등에서 집안 개조와 수납을 가르쳐주는 전문가 에디. 자신의 집은 어떻게 꾸몄을까? 그는 가족과 함께 살면서 집안 정리를 도맡고 있는데, 집이 어질러져 있는 모습을 도무지 견디지 못한다고 한다.

빈 공간에는 잡동사니를 넣어둔다

시간이 없거나 게으른 사람들에게 이 방법을 권한다.
몇 개의 빈 서랍이나 빈 수납 상자를 마련하여 잡동사니를 잠시 보관하다가, 어느 정도 차면 한꺼번에 정리하는 것이다. 이렇게 하면 평소에 집안을 어지럽히지 않을 수 있다.

작은 수납 상자를 적극 활용한다

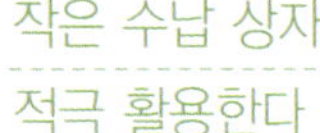

작은 수납 상자에 휴지나 위생 용품 등을 넣어두고 필요할 때 꺼내 쓴다. 필요한 곳에 들고 다니며 사용할 수 있어 편리하다.

비어있는 벽면을 활용한다

조명과 거울, 수납 선반을 벽에 걸어 공간을 활용하며 집안 분위기를 연출한다.
선반 위에는 작은 화분과 촛불을 두고 안쪽에는 작은 잡동사니를 넣어둔다.

지저분한 것은 안쪽으로 숨긴다

에디는 컴퓨터와 프린터, CD 등을 옷장처럼 생긴 여닫이 장에 넣고 문 안쪽에 자석판을 설치하여 지저분해보이는 메모와 자료 등을 붙여놓았다. 문을 닫으면 깔끔한 문짝만이 보일 뿐이다.

항상 창의적으로 생각한다

에디는 다른 사람이 필요 없다고 버린 오래된 전등 장식을 이용하여 상들리에를 만들 계획이라고 한다. 역시 개조 전문가이다.

에디는 여러 사람들의 정리정돈 습관을 개선해주고 이상적인 거주 환경을 설계해주고 있다. 그런데 그도 처음부터 정리정돈에 관심이 있었던 것은 아니었다. 어느 여름 방학 때 그는 자신의 방을 대청소하려고 했는데 치우다보니 아예 방을 완전히 다시 꾸며보고 싶다는 생각이 들었다고 한다.

에디의 아버지는 정리정돈은 하면 할수록 끝이 없다고 말하셨는데, 그 말처럼 정리정돈이야말로 하나의 학문이라는 것을 깨닫게 되었다.

그의 넓은 집안에는 물건들로 가득했고(그의 집은 마치 그의 의뢰인들 집처럼 공포스러웠다고 한다) 곰팡이가 슨 약초에서부터 버려진 타일까지 없는 것이 없었다. 하지만, 그는 포기하지 않고 집안을 정리한 후, 수납과 공간 활용에 대한 흥미가 더욱 깊어졌다고 한다.

물건을 걸어두면 공간 활용에 유리하다

수납장에는 각기 다른 종류의 물건들이 들어 있어 새로운 공간을 만들기가 쉽지 않다. 이럴 때는 과감하게 고개를 들어 벽에 수납을 해보자. 작은 공간에 30여 개의 모자를 걸어둘 수 있다.

옷은 세탁 즉시 정리해둔다

에디는 평소에 골판지를 이용하여 옷을 갠 후 옷장 속에 차곡차곡 정리한다. 이는 습관이 되지 않으면 하기 힘든 일이다.

종이판을 이용해 옷을 갠다

종이판을 이용하여 옷을 개면 옷을 같은 크기로 갤 수 있어 수납에 유리하다.
먼저 옷 서랍장의 크기를 잰 다음 그에 맞는 종이판을 잘라놓으면 서랍장에 남는 공간 없이 옷을 채워 넣을 수 있다.

🗃 만드는 법

01 | 반듯한 상자를 고른다.
02 | 상자를 대각선으로 잘 자른다.
03 | 자른 종이상자는 삼각 기둥모양이 된다.
04 | 자른 두 부분을 풀로 붙이고 테이프를 둘러 고정한다.
05 | 포장지로 상자를 예쁘게 포장한다.

모서리 공간도 꾸밀 수 있다

종이상자를 이용하여 작은 삼각 수납장을 만들면 허전한 모서리 공간을 전시 공간으로 꾸밀 수 있고 조명을 두어 은은한 분위기를 조성할 수도 있다.

텔레비전과 전자제품은 감춘다

집안 전체의 컨트리풍 분위기를 유지하기 위해 분위기에 맞지 않는 텔레비전과 비디오, DVD플레이어를 옷장 안에 수납하였다.
발열을 고려하여 옷장 안에는 충분한 공간을 두었다.

철제 컵 걸이

세 개의 철제 옷걸이를 이용하여 컵받침과 컵 걸이를 만든다. 돈이 들지 않을 뿐더러 투박한 멋이 있다.

만드는 법

01 옷걸이 끝을 분리하여 양쪽 끝을 갈고리 모양으로 구부린다.

02 같은 방법으로 옷걸이 세 개를 만들어 삼각뿔 모양이 되도록 합친다.

03 철사 혹은 알루미늄 선으로 삼각뿔 틀을 고정한다.

04 검정색 락카를 균일하게 뿌려준다.

침대 밑의 공간을 활용한다

침대 밑은 소홀히 하기 쉬운 공간이다. 많은 물건을 수납할 수 있지만 나중에 꺼내기가 어려울 수도 있으므로 바퀴가 달린 바구니를 이용하면 편리하게 넣고 꺼낼 수 있다.

옷은 언제나 같은 크기로 갠다

종이판을 이용하여 옷을 개는 방법은 간단하다. 종이판을 옷의 목선 밑에 두고 팔을 안으로 접고 밑부분은 3등분하여 접은 후 종이판을 빼면 된다.

봉과 선반을 이용해 수납공간을 확장한다

옷장과 옷장 사이의 빈 공간에 봉과 선반을 걸어 위층에는 잡동사니를 두고 아래층에는 옷을 걸 수도 있다.

행복한 부부의 Super 수납 기술

짠돌이 정신으로 똑똑하게 수납하기

절약의 절대고수 류이연씨 가족

쌍둥이 자매를 둔 류이연씨는 미술을 전공한 감각으로 집 안 곳곳을 아름답게 꾸며놓았다.
스텐실 기법을 DIY 다방면에 응용하였으며, 최소 비용으로 최대의 효과를 내는 수납 방법을 사용하였다.

미술을 전공한 젊은 엄마 류이연씨는 예전부터 DIY에 대한 흥미를 가지고 있었다. 결혼 후 쌍둥이를 낳아 대부분의 시간을 아이들을 돌보는 데 쓰고 있지만, 바쁜 와중에도 남편과 함께 이것저것 만들고 고치면서 집안을 행복하게 꾸미고 있다. 부부는 주로 아이들을 위해 집안을 설계하며, 곳곳에 아이들을 위한 사랑이 녹아있다.

청바지 수납 주머니

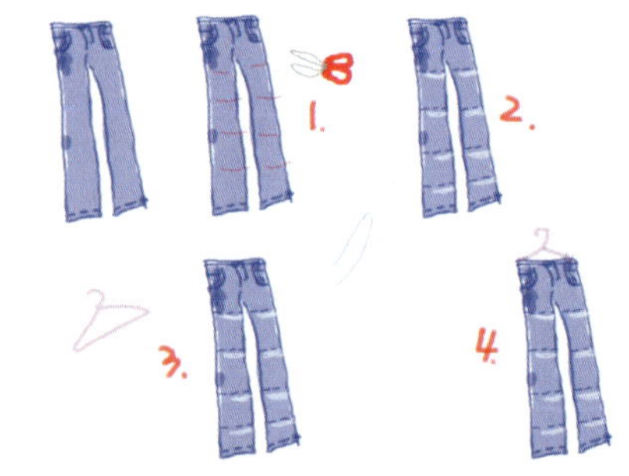

만드는 법

01 | 입지 않는 청바지의 앞면을 가위집을 내어 자른다.
02 | 자른 선을 따라 그 위의 2cm 되는 곳을 뒷판과 함께 꿰맨다.
03 | 튼튼한 옷걸이를 준비한다.
04 | 청바지 윗부분을 옷걸이에 고정시켜 필요한 곳에 걸어놓으면 된다.

접시는 세워서 수납한다

류이연씨는 주방의 물건을 모두 종류별로 분리하여 정리해 놓았다. 접시가 세로로 꽂혀 있어 꺼낼 때 편리하고 좁은 공간에 많은 접시를 수납할 수 있었다. 이것은 남편의 작품이라고 한다.

직접 벽면에 그린 그림

미술공학을 배운 류이연씨의 가장 큰 꿈은 남편과 함께 산에 집을 지어 자급자족의 전원생활을 하는 것이다.
벽면에 그림을 그려 장식했을 뿐만 아니라 자신의 꿈을 상기시킨다.

벽에 붙은 선반에 철제 다리를 붙여 견고하게 하였다. 이렇게 하면 많은 물건을 올려 놓아도 안전하다. 아래에는 청바지로 수납 주머니를 만들어 장식하였다.

수납 선반은 단단히 고정시킨다

벽에 붙은 선반에 철제 다리를 붙여 견고하게 하였다. 이렇게 하면 많은 물건을 올려 놓아도 안전하다. 아래에는 청바지로 수납 주머니를 만들어 장식하였다.

복잡한 공간을 단순하게 만드는 기술

엔지니어의 이성과 풍부한 감성의 조화

🎁 컴퓨터 엔지니어 황하연씨

공간 설계에 대해 관심이 많아 방마다 그의 아이디어가 가득하다.
바닥 타일과 가구의 선택 등 그의 손이 거치지 않은 것이 없다. 그는 기둥의 예리한 각을 싫어해서 갖가지 방법을 통해 공간을 끌어당겨 기둥을 숨겨놓았다.

미닫이식 문으로 공간을 아낀다

방문은 바퀴가 달린 미닫이문이기 때문에 전체 벽면과 잘 어울리고 문을 여닫는 공간을 아낄 수 있다.

바닥 높이로 공간을 구분한다

서재와 복도의 공간을 나누기 위해 서재 공간에는 높은 마루 바닥을 깔고 복도에는 타일을 깔았다.

보기 좋고 편리한 주방 장식장

대부분의 가구는 황하연씨가 직접 방방곡곡을 찾아다니며 찾은 것이다. 이 컨트리 풍의 장식장은 식기류를 충분히 수납할 수 있고 그릇 전시 효과도 뛰어나다.

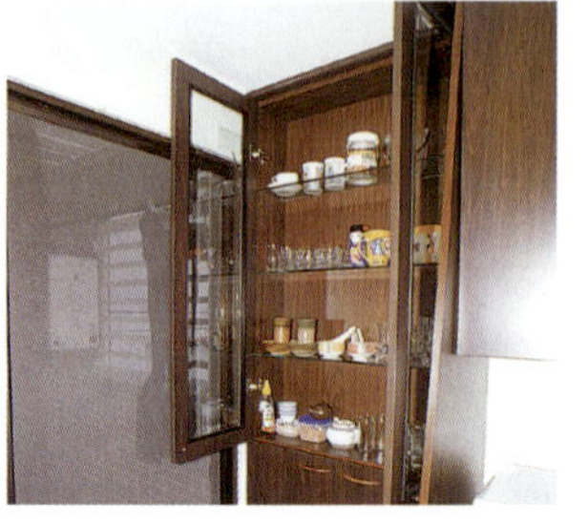

코너에는 찬장을 달아준다

장식장 옆의 남은 공간에는 찬장을 달아 찻잔이나 작은 그릇을 수납하여 공간을 충분히 활용하였다.

바닥 타일로 주방과 식당을 구분한다

크기와 색깔이 다른 바닥 타일을 깔아 주방과 식당 공간을 구분하였다.

집은 황하연씨가 직장을 제외하고 가장 오래 머무는 공간이다. 창밖의 나무와 하늘을 좋아하는 황하연씨는 여유로움과 편안함이 가득한 한적한 지역에 거주하고 있다.

창밖에는 나무들이 푸르고, 머리를 들면 푸른 하늘과 저 멀리 산이 보이며, 창문을 열면 자연의 향기를 가득 머금은 바람이 살랑살랑 불어와 스트레스를 풀어준다.

집안 인테리어와 장식은 모두 황하연씨가 직접 디자인한 것으로, 공간 구분이 뚜렷하여 각각의 공간에서 기분 전환이 가능하다.

각 공간은 바닥으로 구분되며, 곳곳에 그가 직접 수집한 기구들이 놓여있어 세련된 분위기가 가득하다.

그는 "공간이 아름다우면 생활의 태도도 아름다워진다."라는 철학을 가지고 집안을 꾸미기 위해 노력한다.

인테리어 감각과 고전적인 아름다움, 보이지 않는 수납과 효율적인 공간 사용으로 생활을 더욱 아름답게 만들었다.

접이식 탁자는 공간절약이 가능하다

독립적인 식당이 없기 때문에 식탁을 주방 바깥 벽면에 붙여놓았다.
접이식 탁자는 쉽게 이동하고 다양한 변형이 가능해 가장 유용한 식탁이라 할 수 있다.

컨트리풍의 우아한 거실

거실은 나무 벽면과 금속 벽장식, 벨벳 소파가 어울려 편안하고 우아한 컨트리 분위기를 조성한다.

약방 정리함으로 구역을 나눈다

앤틱 가구를 좋아하는 황하연씨는 현관과 거실 사이에 약방 정리함을 두어 작은 소지품을 수납하는 동시에 두 공간을 구분하였다.

기둥에 설치한 신발장

신발장을 기둥과 이어지게 설계하여 보기 싫은 기둥을 감추고 남는 공간에는 편하게 앉아서 신발을 신을 수 있도록 쿠션을 설치하는 등 집주인의 창의적인 아이디어가 돋보인다.

앤틱 가구도 실용성이 있다

평소 실용성을 중시하는 황하연씨는 앤틱 가구를 단순히 감상용으로 두는 것이 아니라, 평소 창가에 앉아 차를 마시며 독서를 하는 용도로 사용하고 있다.

천장 위에 수납공간을 둔다

천장과 벽 사이의 공간을 만들면 자주 쓰지 않는 물건들을 보이지 않게 수납할 수 있다. 집주인의 창의적인 아이디어가 돋보인다.

자투리 공간을 충분히 활용한다

베란다 끝의 좁은 공간에 선반과 수납장을 두어 공간을 활용한다. 장식
장의 역할을 하므로 공간이 무거워 보이지 않는다.

썰렁한 벽에는 선반을 달아준다

간단한 나무판을 벽에 걸어 선반을 만들어 책이나 장식품을 올려놓는다.
이때 깔끔하게 배치하는 것이 중요하다.

보여주는 것도 수납이다

단순하고 명쾌한 스타일을 좋아하
는 황하연씨는 책장도 특이하게 설
계하였다.
모든 것을 서랍장 안에 집어넣어
답답한 문만 보이게 하는 것보다
가끔은 이렇게 드리네이 보여주는
것도 아름다운 수납이다.

침대 머리맡의 감추어진 옷장

침실의 가장 큰 수납공간은 침대 머리맡의 붙박이장이다. 붙박이장을
설치함으로써 천장과 옷장이 만들어내는 빈 공간과 모서리를 줄여 복잡
한 느낌을 없앴다.

세면대에는 자주 쓰는
물건만 둔다.

세면대에 너무 많은 물건이 있으면
복잡해 보인다. 자주 쓰지 않는 물
품은 세면대 아래의 장식장 안에 두
어 감추고 습기가 차는 것을 방지하
였다.

장식장 안의 절묘한 수납 방법

영어 선생님의 물건 숨기기 기술

📦 영어 선생님 양혜란

작은 평수의 복층식 집으로, 모든 수납은 붙박이장으로 이루어졌다. 가구 선택도 수납을 고려하여 이루어졌다. 공간이 좁기 때문에 복잡해보이지 않도록 잡다한 것은 모두 벽 안으로 숨겨서 손님이 와도 치우느라 허둥지둥할 필요가 없다.

양혜란 선생님의 집은 작아보여도 있을 것은 다 있다. 공간의 크기가 제한되어 있는데다 적지 않은 물건들이 있었기 때문에 수납을 위해서는 머리를 짜야만 했다.

양혜란 선생님은 가장 좋은 수납은 보이지 않게 숨기는 것이라 생각하여 집의 계단 아래, 벽 기둥 사이, 침대 아래 등의 구석구석에 문이 달린 장식장을 설계하였다.

평소 잡동사니가 돌아다니지 않도록 공간별로 있어야 할 물건들을 수납하니 정리도 쉽고 매일 따로 정리할 필요가 없었다. 모든 물건이 숨겨져 있으니 공간이 크진 않지만 넓어 보인다.

붙박이 수납장 설계

2층 공간은 공부하는 곳으로, 수납장을 벽을 따라 설계하여 개방된 구역과 숨겨진 구역을 나누었다.

계단 밑의 수납장

계단 밑의 공간에도 수납장을 설계하여 식재료와 기타 생활용품을 저장해놓았다.

침대 밑에는 많은 것을 수납할 수 있다

방이 작기 때문에 2인용 침대를 두면 방의 2/3나 차지하게 된다.
따라서 침대를 선택할 때는 특히 침대 밑의 서랍장이 큰 것을 고른다.

의자 밑에도 수납이 가능하다

창문 밑에는 기다란 의자가 놓여 있는데. 수납 상자의 역할도 한다. 자주 쓰지 않는 공구나 전기제품을 넣어둔다.

달력장식

두꺼비집이 눈에 띄어 보기 흉했기 때문에 나무판자로 달력을 만들어 걸었더니 재미있는 벽장식이되었다.

복층의 기능상 구분

복층으로 된 집의 경우 공간이 압축되어 있다. 위층과 아래층을 기능적으로 분류하면 훨씬 정돈되어 보인다.

🥛 만드는 법

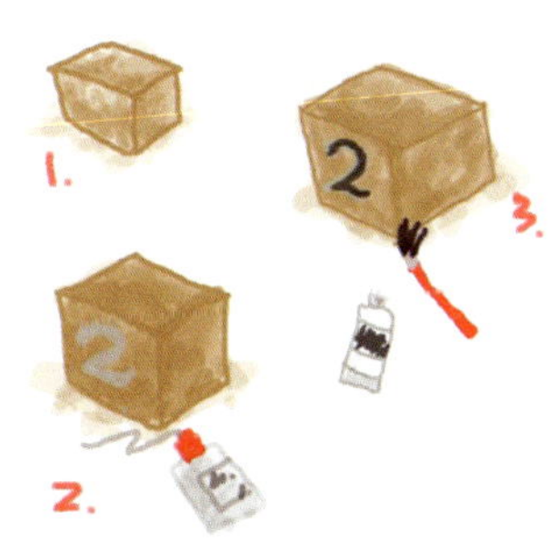

01 | 나무토막 표면을 사포로 매끈하게 다듬는다.

02 | 젯소를 나무토막 위에 두껍게 발라준다.

03 | 젯소가 마르면 아크릴 물감으로 위에 숫자를 써준다.

천장과 옷장 사이의 공간을 활용한다

키가 작은 옷장은 천장과 사이 공간이 많이 남는데, 이곳에 수납 배치를 하여 공간을 활용한다.

자주 여는 곳에 자주 쓰는 물건을 둔다

싱크대처럼 자주 여닫는 곳에는 자주 쓰는 물건을 두는 것이 적합하다.

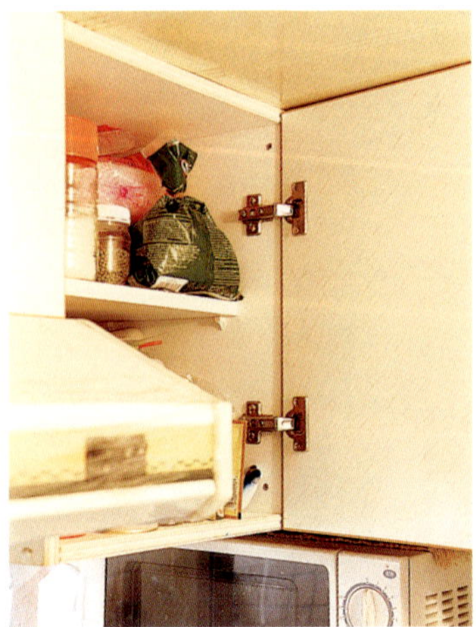

벽의 코너에 붙박이장을 만든다

바닥부터 천장까지 빈틈없이 꼭 맞도록 제작하여 벽의 각을 없애고 공간을 넓게 활용하도록 한다.

베란다 천장에 빨래건조대를 매단다

베란다의 크기는 작지만 높이가 충분하므로 전동
빨랫줄을 설치하면 옷이 햇빛을 받아 잘 마르고 베
란다 밑의 공간을 활용할 수 있다

이동식 수납대는 요리를 돕는다

집이 좁아 조리할 공간이 충분하지 않기 때문
에 바퀴가 달린 작은 이동식 수납대에 밥솥을
올려두거나, 그 위에서 조리를 하는 등의 방
법으로 공간 부족 문제를 해결하였다.

작업공간을 완벽하게 가리기

집에 개와 고양이가 많기 때문에 일부러 작업공간을
수납장 안으로 집어넣었다. 수납장 문을 열면 컴퓨
터, 팩스 전화기가 나타나며, 문을 닫아놓으면 개와
고양이들의 공격에도 끄떡없다.

정성이 녹아있는 DIY 수납 방법

외국인 선생님의 자연스러운 수납 기술

외국어학당 영어 강사 스미스씨
어렸을 때부터 캘리포니아에서 자란 스미스씨는 자신이 직접 생활용품을 만드는 것이 즐겁다고 한다.
여행길에 지금의 부인을 만나 대만에서 살고 있는 두 사람은 거주 공간에 대한 자신들만의 생각을 가지고 있어 곳곳에 창의적인 아이디어가 가득하다.

그물 바구니로 욕실 수납 완성

주로 욕실에서 피부관리를 하는 부인 때문에 세면대에는 화장품 병이 많다.
남편은 그물 바구니에 화장품을 수납하여 화장품 병 밑에 물이 고이지 않도록 하였다.

가림판을 이용하여 공간을 깔끔하게

단순하고 은은한 색상의 천으로 두꺼운 판을 싸서 책장에 꽂힌 책을 가리면 훨씬 깔끔해진다. 판에는 손잡이를 달아 쉽게 열고 닫을 수 있도록 한다.

만드는 법

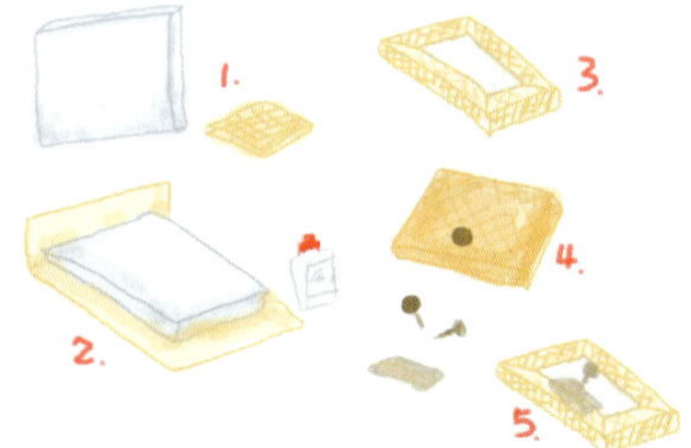

01 | 두꺼운 골판지와 단순한 패턴의 천을 준비한다.
02 | 골판지 위에 풀을 발라 천을 붙인다.
03 | 가장자리를 안쪽으로 접어준다.
04 | 손으로 열고 닫기 쉽도록 손잡이를 만들어 붙여준다.

파란색과 흰색이 조화된 공간

전체적인 공간이 파란색과 흰색으로 조화되어 깔끔하고 시원해 보인다.
와인 정리함은 집안 분위기를 더해주며, TV 장식장에는 커다란 서랍을 만들어 수납의 기능을 충분히 살렸다.

어렸을 때부터 캘리포니아에서 자란 스미스씨는 DIY 경험에 대한 얘기를 시작하면 웃으면서 말한다. "평소 집안에 필요한 것이 무엇인지 자주 생각합니다. 어떨 때는 만든 물건이 부인 마음에 들지 않을까봐 쉽게 분리할 수 있게 만들어서 다른 것으로 만들기도 하지요."

스미스씨와 부인은 여행에서 만나 결혼까지 하게 되었다고 한다. 두 사람의 달콤한 둥지에는 곳곳에 스미스씨의 세심한 손길을 볼 수 있다.

스미스씨는 여행을 하는 도중에도 영감이 떠오른다고 한다. "여행 가방의 수납에는 한계가 있기 때문에 정말 필요한 것만 알차게 수납하는 것이 중요합니다."

예를 들어 버려진 병, 화장지 상자 등 버려지는 물건들로 수납 소품을 만든다. 이렇게 하면 경제적으로도 절약을 할 수 있을 뿐만 아니라 밖에서는 살 수 없는 유일한 물건을 만들 수 있다고 한다.

만드는 법

01 | 낡아서 쓰지 않는 목도리를 원하는 길이로 자른다.
02 | 주머니 부분의 천과 바탕 부분의 천으로 나눈다.
03 | 바느질을 하여 주머니를 꿰맨다.
04 | 단추를 달아 칸을 분리하고 장식을 한다.

목도리 수납 주머니

쓰지 않는 목도리로 작은 수납 주머니를 만들었다. 목도리 무늬가 예쁜데다 수납기능도 가지고 있어 책상 옆에 걸어두고 쓰면 매우 실용적이다.

유리병이 재탄생

버려지는 병에 철사와 노끈으로 장식하고 식물을 꽂으면 소박하면서도 친환경적인 예술품이 만들어진다.

만드는 법

01 | 내용물이 없는 빈병과 화장품 샘플 병을 준비한다. 철사를 그림처럼 구부린다.
02 | 빈병의 목에 구부린 철사를 걸어준다
03 | 노끈으로 화장품 샘플 병을 감고 식물을 꽂아 화병으로 만든다.
04 | 화장품 샘플 병을 철사 양쪽에 건다.

와인박스를 이용해 책장을 나눈다

대형 수납장과 책장은 공간을 나누는 것이 쉽지 않고 꽂는 책이 적을 경우 책이 흐트러지기 쉽다. 와인박스를 책장 안에 넣어두면 책장 공간을 분리할 수 있고 책을 적게 꽂아도 넘어지지 않는다.

등나무 바구니와 와인 상자로 책장 공간을 자유롭게

등나무 바구니와 와인 상자를 책장에 넣어 책장의 공간을 남김없이 자유롭게 활용할 수 있다. 지저분해 보이면 앞에서 만든 책장 가림판을 이용해도 좋다.

와인 상자를 수납 상자로 재활용한다

와인상자 두 개를 겹쳐 한쪽을 경첩으로 연결하고 바닥에 바퀴를 달면 꽤 튼튼한 이동식 수납 상자가 된다.

수납 상자에는 안전줄을 달아놓는다

수납 상자의 뚜껑이 확 젖혀지는 것을 막기 위해 한쪽에 줄을 연결해놓는다. 이런 똑똑한 방법을 어떻게 생각해냈는지 모르겠다.

지도로 만든 수납 상자

여행할 때 보던 낡은 지도로 화장품 상자와 작은 병을 포장하면 물건을 수납하기에도 좋고 장식효과도 뛰어나다.

파일꽂이에는 이름표를 붙여둔다

잘 정리된 파일꽂이 위에 어떤 자료가 들어있는지 표시를 해두면 나중에 찾을 때 편하다. 화장품 박스도 작은 물건들을 수납하는데 훌륭한 역할을 한다. 지도로 박스를 씌운 다음 여행에 필요한 물건들을 넣어두면 잘 어울린다.

말린 잎사귀로 창문을 꾸민다

스미스씨는 평소 예쁜 나뭇잎과 꽃잎을 주워 책에 끼워 말려놓는데, 이것을 얇은 한지에 붙여 창문에 붙이니 빛이 은은하게 통과하면서 내츄럴한 분위기를 조성하였다.

부엌에서 유용한 자석집게

🍶 만드는 법

☐1 │ 문방구에서 흔히 구할 수 있는 나무 집게를 좋아하는 색으로 칠하고 말린다.

☐2 │ 집게 뒤쪽에 작은 자석을 붙여 냉장고에 붙인다.

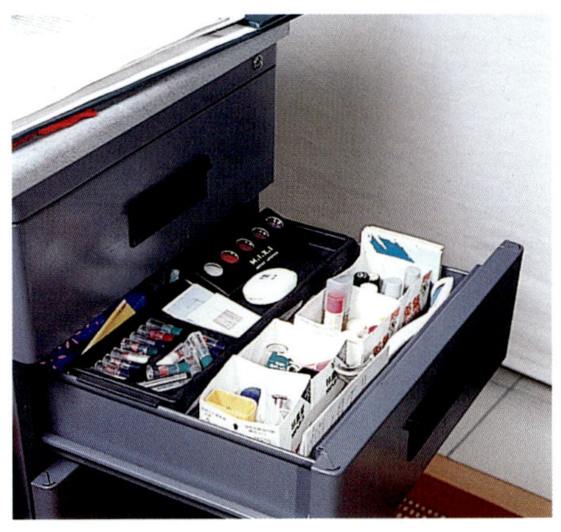

빈 우유곽으로 서랍을 정리한다

우유곽의 윗부분을 서랍 높이에 맞게 잘라 서랍 안에 넣으면, 잡동사니를 흐트러짐 없이 정리할 수 있다.

직접 만든 리모콘 주머니

쿠션을 만들고 남은 자투리 천으로 수납 주머니를 만들어 소파 옆에 붙여놓았다. 리모콘을 꽂아놓으면 리모콘을 찾기 위해 허둥지둥 하는 일이 없을 것이다.

커리어 우먼의 폐품 활용 기술

스피디한 생활, 편리한 수납

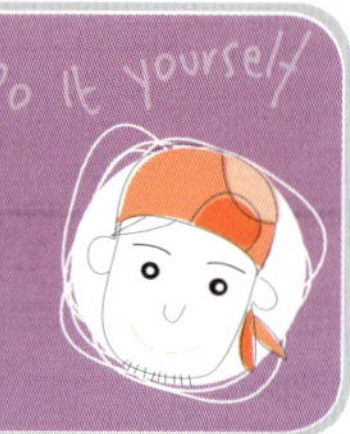

🥛 커리어우먼 노희숙씨

두 아이가 있는 노희숙씨는 집안 공간의 분위기를 중요하게 생각하여 언제나 고민한다. 집안 곳곳에 묻어나는 세심함은 모두 그녀의 아이디어라고 한다.

🥛 만드는 법

01 | 비디오테이프 케이스를 준비한다.

02 | 포장지로 케이스를 예쁘게 감싼다.

03 | 테이프 뒤쪽에 자석조각을 붙인다.

냉장고에 붙어있는 수납함

비디오테이프 케이스를 예쁜 포장지로 싸고 장식한 후 뒷면에 자석을 붙여 냉장고에 붙여 놓으면 훌륭한 수납함이 된다.

컵 걸이 장식장

버려진 책상 서랍 두 개를 연결하고 가운데에 칸막이를 단 후 고리를 달아서 머그컵 걸이를 만들었다.
예쁜 천으로 장식하니 전시 효과도 뛰어나다.

자투리 공간 활용하기

냉장고와 벽 사이의 공간에 맞게 수납장을 제작하여 조미료나 각종 재료들을 수납하였다. 바퀴와 손잡이가 달려있어 넣고 빼기가 편리하다.

종이봉투 수납하기

냉장고 옆 공간 위쪽 선반에 고리를 걸어 종이봉투를 걸어놓으면 많은 종이봉투와 비닐봉지를 수납할 수 있다.

다 쓴 티슈상자로 옷장을 정리한다

다 쓴 티슈상자로 옷장 서랍에 칸을 나누어 옷을 종류별로 정리하면 보기에도 좋고 입을 옷을 쉽게 찾을 수 있다.

노희숙씨는 낙천적인 커리어우먼으로, 직장생활과 집안일을 동시에 하는 만능 주부이다.

평소 집에 있을 때에는 집안일만 신경 쓰는데, 그것은 집안 환경이 잘 정돈되어야 편히 휴식할 수 있고 그래야만이 건강한 생활을 할 수 있다고 여기기 때문이다.

노희숙씨는 웃으며 말한다. "사실 전 아무것도 만들 줄 몰라요. 그냥 이런 저런 생각을 하는 것뿐인데, 대부분 남편이 대신 만들어 주죠." 노희숙씨가 개선 아이디어를 내놓으면, 남편은 그것을 실행에 옮겨 집안을 하나 하나 꾸몄다고 한다.

집을 둘러보면 여기저기에서 아내와 남편이 공동으로 노력한 흔적이 엿보인다. 그들은 집안을 꾸미는 일에 재미가 들려 시간이 날 때마다 머리를 맞대고 연구를 한다고 한다.

노희숙씨 부부의 이런 노력은 십안 분위기를 한층 업그레이드 시켜 줄 것이다.

니트류는 말아서 바구니에 넣어둔다

구겨지기 쉬운 니트는 빳빳하게 개어 놓는 것 보다는 가볍게 둘둘 말아 바구니에 넣어두면 편리하다.

모든 것을 흔적 없이 수납하는 기술

수납에 강한 신혼 초보

진채영 부부

가구를 한 가지 용도로만 사용하지 않고 다양한 방법을 생각하여 활용한다면, 자신의 필요에 맞게 더욱 잘 활용할 수 있다.

슬리퍼를 벽에 걸어둔다

선반형 신발장은 공간을 많이 차지하므로 벽에 걸어 정리하였더니 수납하기도 쉽고 공간의 여유도 생겼다.

각종 상자는 수납의 일등공신

튼튼한 나무상자를 구해 미술도구를 수납하고 그 위 선반에는 신발상자를 쌓아서 종류별로 수납할 수 있도록 하였다.

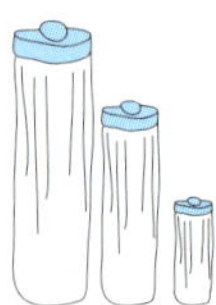

CD정리장을 컵 진열장으로

CD정리장을 미니바 옆에 두어 다구를 진열하니 마치 찻집에 온 것 같은 느낌이다.

서랍은 종류별로 깔끔하게

싱크대의 세 개의 서랍은 기능별로 구분되어 있다. 건강식품박스나 빈 캔, 병 등을 사용하여 티백차와 커피를 수납하였다.

한 작은 아파트의 펜트하우스에 신혼부부가 따스한 가정을 꾸렸다.

진채영 부부만의 이 작은 공간은 갖가지 공간 활용 아이디어로 가득하다.

많은 물건들이 흔적도 없이 수납되어 서랍과 장식장이 여유 있어 보이고, 각종 주머니와 자석걸이, 상자들은 수납 효율을 크게 높여주고 있다.

미술학을 전공한 진채영씨는 자신이 직접 이것저것 만드는 것을 좋아한다.

또 수납 소품을 모으는 것을 즐기며 더욱 많은 공간을 만들어 내려고 노력한다. 주방의 도구들은 쉽게 어질러지기 쉬운데. 그녀는 깔끔하게 정리하여 숟가락, 젓가락, 칼, 도마 등은 눈감고도 찾을 수 있을 정도이고 작은 비닐봉지 하나라도 어디에 놓아야 하는지 알고 있다.

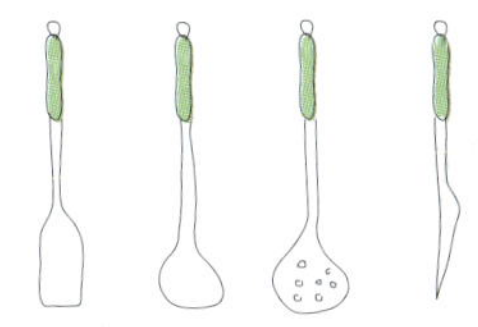

식기는 제자리에

칸막이를 사용하여 식기류가 서로 섞이지 않도록 수납한다.

컵받침도 집이 있다

냄비, 그릇, 컵 모두 자신의 자리가 있으며 작은 컵받침도 예외는 아니다. 언제나 제자리에 두는 습관이 있어야 정리를 잘 할 수 있다.

조미료는 보기 좋게 나란히 수납한다

조미료병은 크기와 종류별로 잘 정리하여 줄을 맞추어 나란히 정리하면 깔끔하다.

냄비뚜껑 수납하기

냄비뚜껑 또한 크기에 맞추어 벽에 걸어 수납하면 보기에도 좋다.

잡동사니는 가장 밑에 수납한다

자주 쓰지 않는 작은 물건들은 가장 아래쪽 서랍에 두고 무엇이 들었는지 파악하고 있어야 한다.

자석을 활용한 편리한 수납

냉장고 벽에 자석을 이용하여 조리도구와 휴지, 행주 등을 걸어두면 공간을 많이 활용할 수 있다.

옷을 둘둘 말아서 공간을 절약한다

서랍에 옷을 넣을 때는 옷을 둘둘 말아서 차곡차
곡 넣으면 구겨지지도 않고 많은 옷을 수납할 수
있다.

깔끔한 CD정리대

아무런 장식 없는 심플한 장식장을 열어보면 CD
가 가득 꽂혀 있다. 이렇게 수납하면 먼지가 앉지
않고 분류하기도 수월하다.

높은 선반을 활용한다

선반을 높이 달아 가방을 수납하고 밑에 고
리를 달아 자주 쓰는 가방을 걸어두면 습기
가 차지 않고 찾기도 편하다.

작은 공간을 넓게 활용하는 비법

20평의 작은 집에 사는 창의적인 부부

전미희 · 하영길 부부

여러 가지 수납 도구로 새로운 공간을 창조하여 평수가 작아도 넓어 보이는 효과를 내었다.
수납이 잘 되어 있으면 물건을 빼서 쓰기에도 편리하다.

이 부부가 사는 집은 골목 안에 숨어있어서, 문패를 자세히 보지 않으면 찾기가 힘들었다.
전미희씨와 하영길씨가 사는 집은 평수가 20평도 채 안되어 거실은 몇 초면 다 둘러볼 수 있고 주방은 한 사람이 들어가면 꽉 차며 침실은 3각형으로 바깥의 도로를 마주하고 있었다.
이런 공간을 대체 어떻게 꾸밀 수 있는지, 잡동사니를 한 곳에 몽땅 쑤셔 넣는 것은 아닐까 의심도 들었지만 자세히 관찰한 결과 모든 물건이 질서 있게 정리되어 있었고 좁은 공간에 물건들이 가득해도 규칙적으로 수납되어 있다는 것을 발견할 수 있었다.

플라스틱 바구니를 서랍처럼

거실의 장식장은 작아서 많은 물건을 놓지 못할 것 같지만 사이즈가 같은 바구니를 놓아 공간을 나누면 놀랍게도 많은 물건이 들어간다. 문을 닫아놓으면 그 누구도 이곳에 잡동사니들이 가득 들어있으리라고는 상상도 못할 것이다.

종이봉투를 서랍처럼

종이백을 쌓아 서랍처럼 활용하면 내용물을 분류하여 보관할 수 있다.

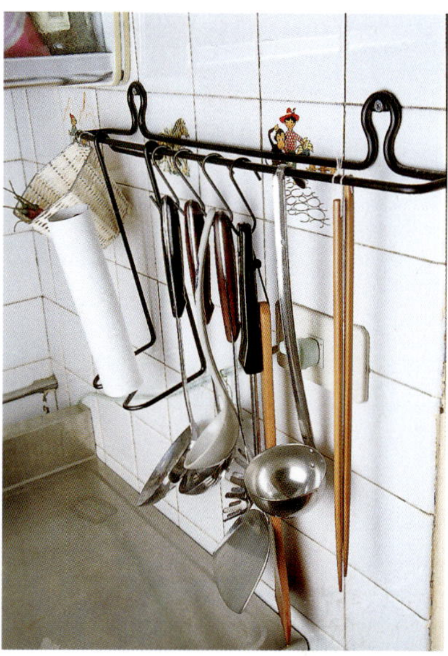

조리도구는 벽에 걸어둔다

주방이 좁으므로 조리도구는 벽에 걸어 수납한다.

자주 사용하지 않는 컵과 접시는

겹쳐서 보관한다

찬장이 낮으므로 최대한 겹쳐서 보관해야 많이 수납
할 수 있다.

식기류는 종류별로 구분하여 수납한다

포크와 스푼, 젓가락을 나누어 깔끔하게 정리한다.

선반과 바구니로 만든 화장대

딱히 화장대를 놓을 자리가 없었기 때문에
선반 위에 우아한 실크를 깔아 화장대를 만
들었다.
선반 각 층에는 상자와 바구니를 넣어 잡다
한 물건들을 정리해둔다.

바구니마다 종류별로 수납한다

각 바구니마다 다른 종류의 물품을 수납하여
쉽게 찾을 수 있도록 한다. 이 바구니에는 남
자 양말이 가득 들어있다.

옷걸이에 최대한 많이 걸기

보통 옷걸이에 그냥 옷을 걸쳐두기 쉽지만,
철제 옷걸이에 옷을 걸어 차곡차곡 걸어두
면 훨씬 많은 옷을 걸어놓을 수 있다.

수납행거와 바구니의 조합

화장실 변기 위의 공간 역시 낭비하지 않고
알루미늄 행거를 세운 다음 그 위에 다시
바구니를 올려놓아 욕실 용품을 효과적으
로 수납할 수 있도록 하였다.

거실 테이블의 비밀

거실의 티테이블 밑에 자주 보지 않는 책이나 잡지 등을 넣어두면 의
외로 많은 책을 수납할 수 있다.

05

자유로운 스타일의 가구배치 요령

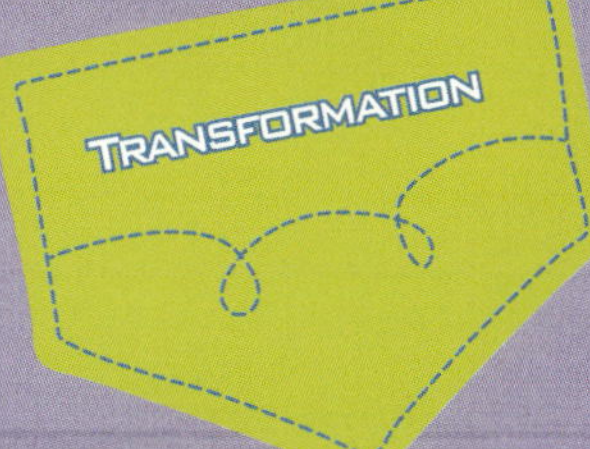

COLOR 계절에 따른 색채 분위기 조성

STYLE 공간의 분위기를 결정하는 아이템

SPACE 소품으로 인테리어의 포인트를 잡자

HOW 가구 배치의 기교

NEW 오래된 가구의 새로운 변신

계절에 따른 색채 분위기 조성

파스텔의 따뜻한 봄

파스텔 계열 색상을 위주로 집안을 꾸민다.

하늘색, 연노랑색, 분홍색, 연두색 등으로 봄볕의 따사로움과 부드러운 봄의 공기를 표현한다.

아래 예시에서는 벽을 연노랑색, 바닥은 분홍색으로 하고 하얀색의 잔잔한 꽃무늬 커튼을 늘어뜨렸으며 베이지색의 4단 서랍장, 초록색 소파, 노랑 꽃무늬 쿠션으로 꾸며보았다.

COLOR

↗ 연두색과 노란색의 꽃무늬 쿠션은 봄의 느낌을 물씬 풍긴다.

↗ 베이지색의 4단 서랍장은 깔끔하면서도 부드러워 보인다.

과일과 풀꽃은 가장 아름다운 장식품이다.

↗ 각종 파스텔 계열의 그릇들

↗ 파란색과 하얀색 사이에 노란색을 둔다.

↗ 병의 색깔도 통일되어 있다.

↖ 봄의 필수 아이템 - 꽃무늬 쿠션

계절에 따른 색채 분위기 조성

상쾌한 여름

시원한 파란색과 하얀색, 또는 중성의 가벼운 색채를 위주로 꾸민다. 파란색, 녹색, 하얀색, 은색 등을 사용하면 시원해보이고 바다 분위기를 조성할 수 있다.

아래 예시에서는 벽면을 하늘색, 바닥을 연청색으로 하고 하얀색과 파란색, 녹색이 어우러진 스트라이프 커튼을 늘어뜨렸다.

또한 연보라색 4단 서랍장과 하얀 소파, 파란 바탕에 하얀 테두리가 있는 수납상자, 연청색 바탕에 하얀 꽃이 그려진 쿠션 등으로 꾸며 시원해보이도록 했다.

COLOR

↗ 유리컵은 투명하고 밝은 느낌을 준다.

↗ 연보라색 쿠션은 여름 바다의 향기를 물씬 풍긴다.

↗ 연보라색 4단 서랍장은 부드러우면서 시원해 보인다.

↗ 은제품 또한 더위를 가시게 하는 작용을 한다.

↗ 검은색은 조금 차가워 보인다.

↖ 조리 도구도 신경 써야 한다.

↗ 초는 키지 말고 장식만 한다.

계절에 따른 색채 분위기 조성

선선한 가을

황토색을 위주로 하여 커피색, 단풍색 등으로 가을 분위기를 표현하면 자신도 모르게 차분하게 가라앉게 된다.

아래 예시에서는 벽면을 아이보리색, 바닥을 커피색으로 하고 붉은색과 노란색이 섞인 스트라이프 커튼을 늘어뜨렸다. 여기에 노란색 4단 서랍장과 빨간 소파, 빨간 바탕에 노란 테두리의 수납상자, 붉은 꽃이 그려진 올리브색 쿠션으로 낭만적인 가을 분위기를 나타내었다.

올리브색 바탕에 붉은 꽃이 그려진 쿠션은 시각적인 효과가 뛰어나다.

COLOR

노란색 4단 서랍장은 올리브색, 붉은색, 황토색, 커피색과 모두 잘 어울린다.

단풍잎과 낙엽 도안은 가을마다 되풀이되어 유행한다.

간식거리 또한 장식품이 될 수 있다.

사각형과 원의 조화

꽃을 꽂아 공간에 따스한
느낌을 준다.

흑백이 조화된 바로크
느낌을 가미한다.

다양한 종류의 패브릭 소품을
활용한다.

계절에 따른 색채 분위기 조성

럭셔리한 겨울

어두운 색과 금색 계열을 활용하여 겨울의 따뜻한 집안 분위기를 표현한다.

검정색, 보라색, 금색, 짙은 회색 등은 고급스러운 느낌을준다.

아래 예시에서는 벽면을 연보라색, 바닥을 자주색으로 하고 청색과 검정색, 빨간색이 교차된 커튼을 늘어뜨렸다. 여기에 짙은 색의 자단목 4단 서랍장, 커피색 소파, 어두운 색의 수납상자, 분홍색 바탕에 자주색 꽃이 그려진 쿠션으로 고급스러우면서도 포근한 분위기를 연출하였다.

COLOR

↗ 낭만적인 분위기를 연출하는 보라색

↗ 분홍색 바탕의 자주색 꽃무늬
쿠션은 특별한 느낌을 준다.

↗ 짙은 자단목 4단 서랍장은 중후
하면서도 안정감 있다.

↗ 각종 쿠션으로 분위기를 조성한다.

화려한 장식품으로 공간에 포인트를 준다.
촛불을 켜서 겨울을 알린다.
가죽과 털 소재는 잘 어울린다.

공간의 분위기를 결정하는 아이템

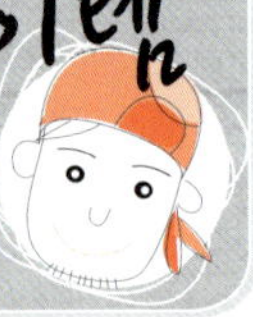

화려한 클래식 스타일

17세기에 유행했던 바로크 양식과 로코코 양식의 영향을 받아, 고전적인 유럽 스타일은 장식과 색채가 화려한 것이 특징이다. 직물의 질감과 조각의 섬세함이 매우 요구된다.

01

02

03

04

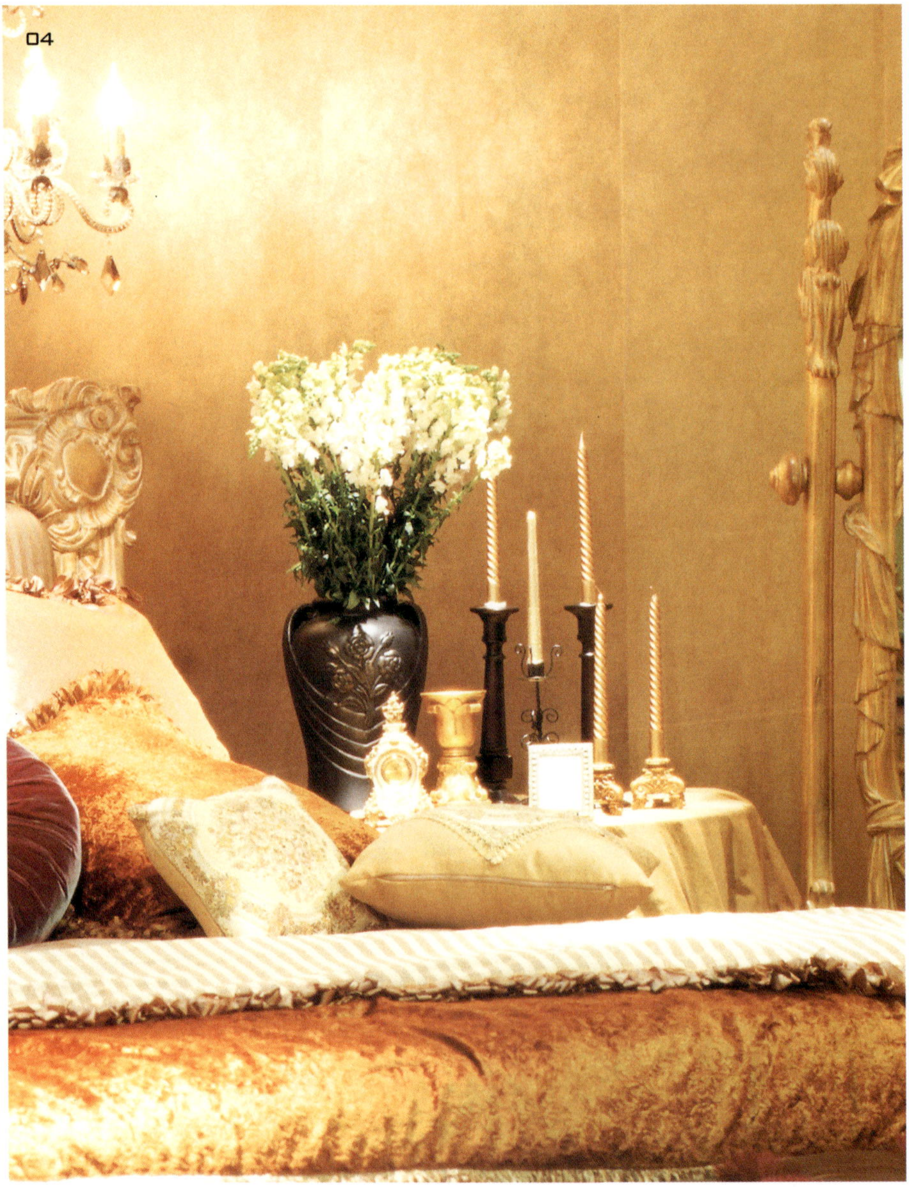

01 | 색상 계열은 가능하면 금색, 갈색, 붉은색, 노란색, 베이지색, 커피색 등을 고르고 차가운 느낌의 색상은 피한다.
02 | 정교하게 조각된 목재 가구를 고르고, 플라스틱과 같은 현대 소재의 가구는 피한다.
03 | 털 소재, 실크, 금사, 자수 등 섬세한 수공예품을 장식품으로 선택하면 가구와 조화롭게 배치할 수 있다.
04 | 촛대는 고전적인 우아함과 근엄한 생활 품격을 드러내준다.
05 | 예쁜 상들리에를 달아 궁정의 느낌을 살린다.

Luxurious Classic
05

공간의 분위기를 결정하는 아이템

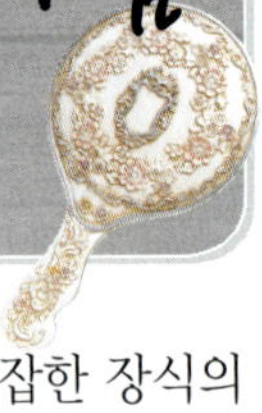

포근한 컨트리 스타일

컨트리 스타일은 미국풍의 딱딱한 현대적인 스타일도 아니고, 유럽식의 복잡한 장식의 화려한 스타일도 아니다. 컨트리 스타일은 편안함과 포근함을 강조하며, 등나무와 주철, 원목을 사용하여 조화로운 자연스러움을 표현한다.

04

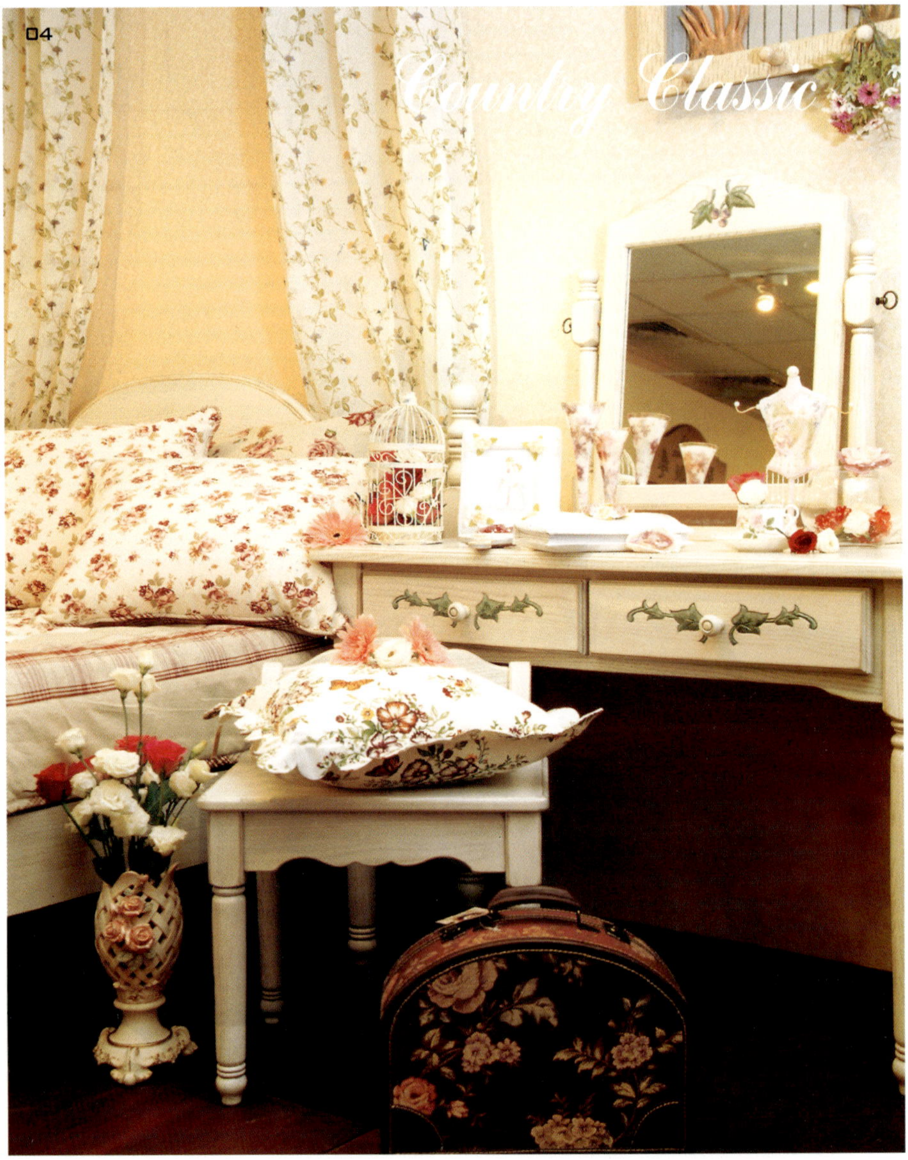

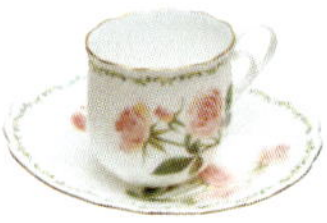

01 | 가능하면 흰색, 분홍색, 복숭아색, 연노랑색, 녹색, 베이지색, 민트색 등을 선택하고, 너무 어두운 색은 사용하지 않는다.

02 | 가구는 원목의 느낌을 살리거나 하얗게 칠하여 단순하면서도 자연스러운 느낌을 살린다.

03 | 직물의 경우 단색이나 잔잔한 꽃무늬 패턴의 부드러운 면을 주로 사용하고 무거운 느낌의 소재는 피한다.

04 | 꽃무늬가 그려진 침대시트로 낭만적인 분위기를 표현한다.

05 | 여성스러움이 물씬 묻어나는 소품들로 장식하여 우아한 컨트리 스타일을 표현한다.

05

STYLE 003

공간의 분위기를 결정하는 아이템

Do it yourself

현대적인 퓨전 스타일

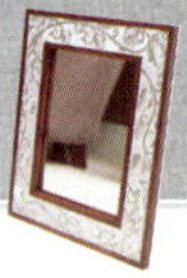

01

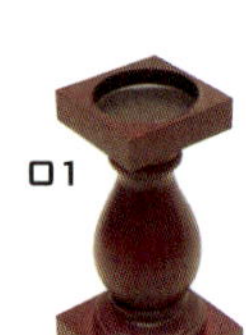

클래식 스타일이 현대적인 요소와 민속적인 요소의 영향을 받아 요즘 유행하는 다원화된 퓨전 스타일이 창조되었다.
보헤미안적인 프랑스풍의 클래식 가구든지, 아니면 현대적이고 모던함이 충만한 Louis Ghost의 플라스틱 의자와 미국풍 고전적인 식탁을 함께 놓든지, 어쨌거나 공통된 포인트를 잡기만 하면 새로운 퓨전 클래식 스타일로 꾸밀 수 있다.

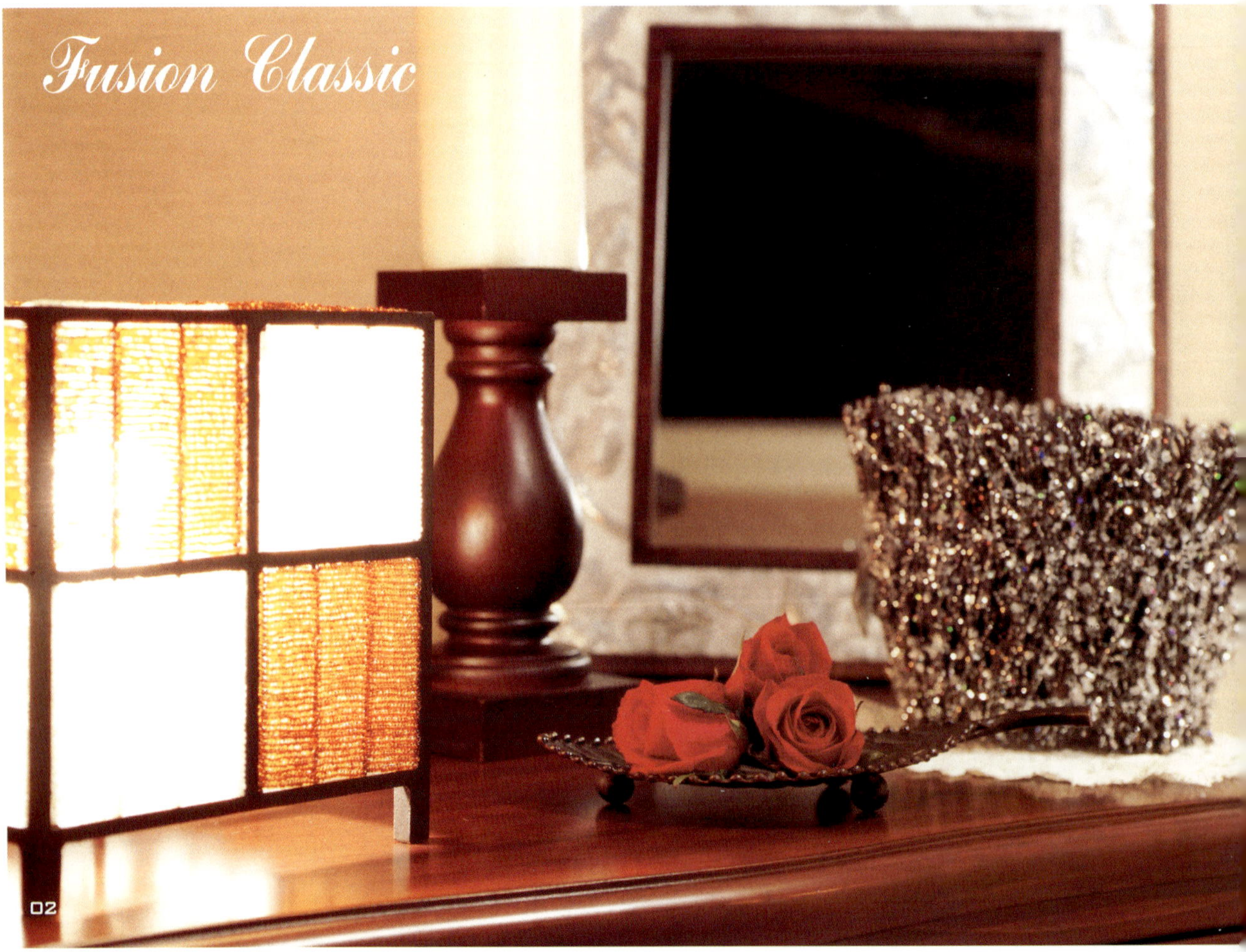

02

03

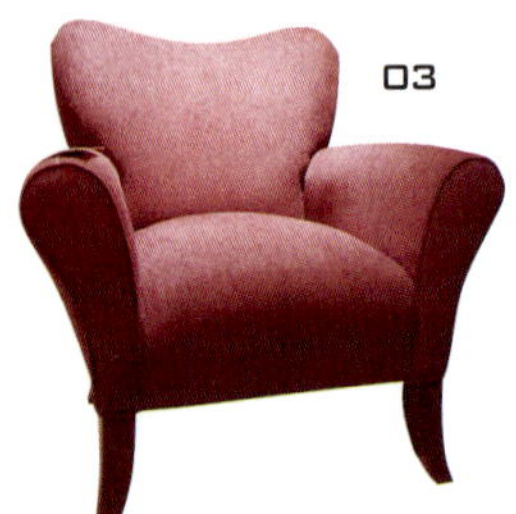

05

01 | 소품 간의 색상 차이가 크면 괴리감이 생기므로 주변과 어울리는 색상을 고른다. 특히 따뜻한 계열의 색과 차가운 계열의 색을 나란히 놓는 것은 극단적인 대비므로 피한다.

02 | 실용성과 현대적인 감각을 살린 미국풍 클래식 가구는 퓨전의 느낌을 가장 잘 표현해준다.

03 | 자주색 소파에는 보라색, 와인색, 커피색 계열의 직물 쿠션이 어울린다. 그 자체만으로도 호화롭고 고급스러운 느낌을 줄 것이다.

04 | 가구 위주로 장식품을 선택하거나, 혹은 직물로 가구를 꾸며주는 것은 비교적 실패 확률이 적은 방법이다.

05 | 현대적인 가구와 클래식한 가구를 함께 두어야 할 때는 재질이 같은 것 혹은 형태가 같은 것을 선택하여 퓨전 스타일을 시도한다.

공간의 분위기를 결정하는 아이템

시원스러운 바다 느낌

무더운 여름, 가만히 있는 것만으로도 더워서 짜증이 날 때는 집안 분위기라도 시원하게 꾸며보는 것이 어떨까. 파란색과 흰색을 조화하면 보기만 해도 청량감이 느껴지는 바다 느낌의 집안을 꾸밀 수 있다.

Modern Blue

01

02

03

04

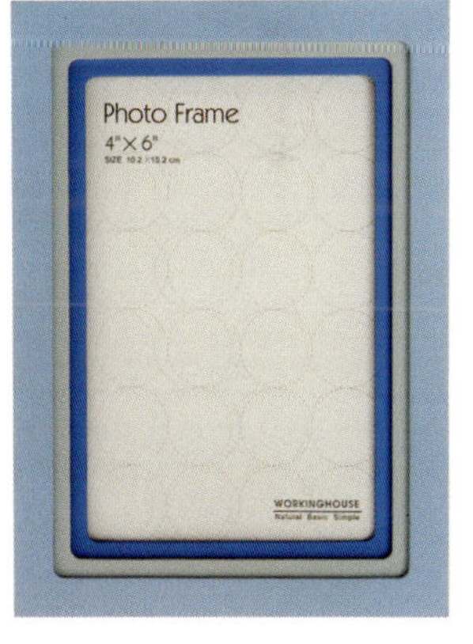

05

01 | 하얀 등대 촛대로 바다 분위기를 낼 수 있다. 파란색 혹은 하얀색의 플라스틱, 아크릴 및 유리 재질의 소품은 공간을 시원하게 만들어준다.

02 | 침대 시트와 커튼 무늬와 동일한 꽃무늬로 통일하여 복잡하지 않게 한다.

03 | 파란색과 흰색만 사용하기가 너무 단조롭다면 파스텔 계열의 노란색과 분홍색 등 은은한 색을 사용하여 공간이 전체적으로 통일되어 보이게 한다.

04 | 청량감을 강조하고 싶다면 가구 또한 차가운 계열 색으로 선택하는 것이 좋다. 따뜻한 느낌의 빨강색이나 커피색은 피한다.

05 | 마린 느낌을 살리고 싶다면 파란색과 하얀색의 스트라이프 쿠션이나 스트라이프 무늬가 들어간 소품을 배치한다.

STYLE 005

공간의 분위기를 결정하는 아이템

Do it yourself

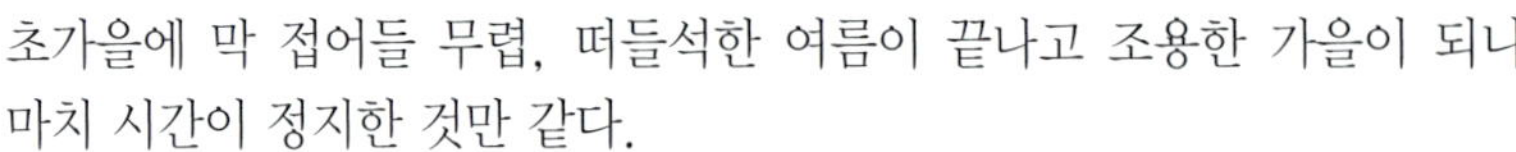

미국풍 클래식 스타일

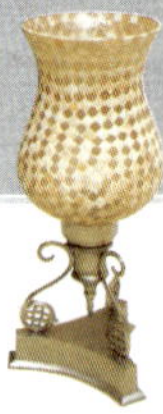

초가을에 막 접어들 무렵, 떠들석한 여름이 끝나고 조용한 가을이 되니 마치 시간이 정지한 것만 같다.
그럴 땐 분홍색과 장미꽃으로 공간을 채워보자. 우아한 미국풍 클래식 스타일의 공간에서 차 한 잔 마시며 휴식을 취해보는 것이 어떨까.

01

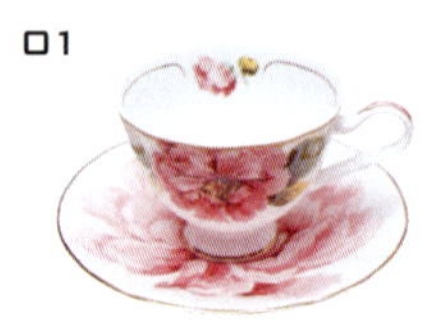

02

03

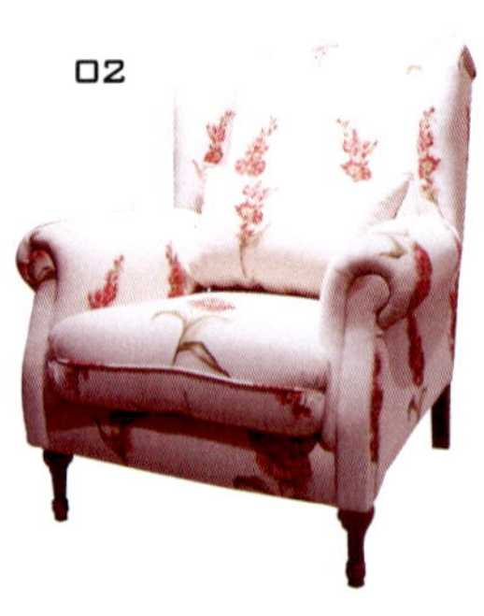

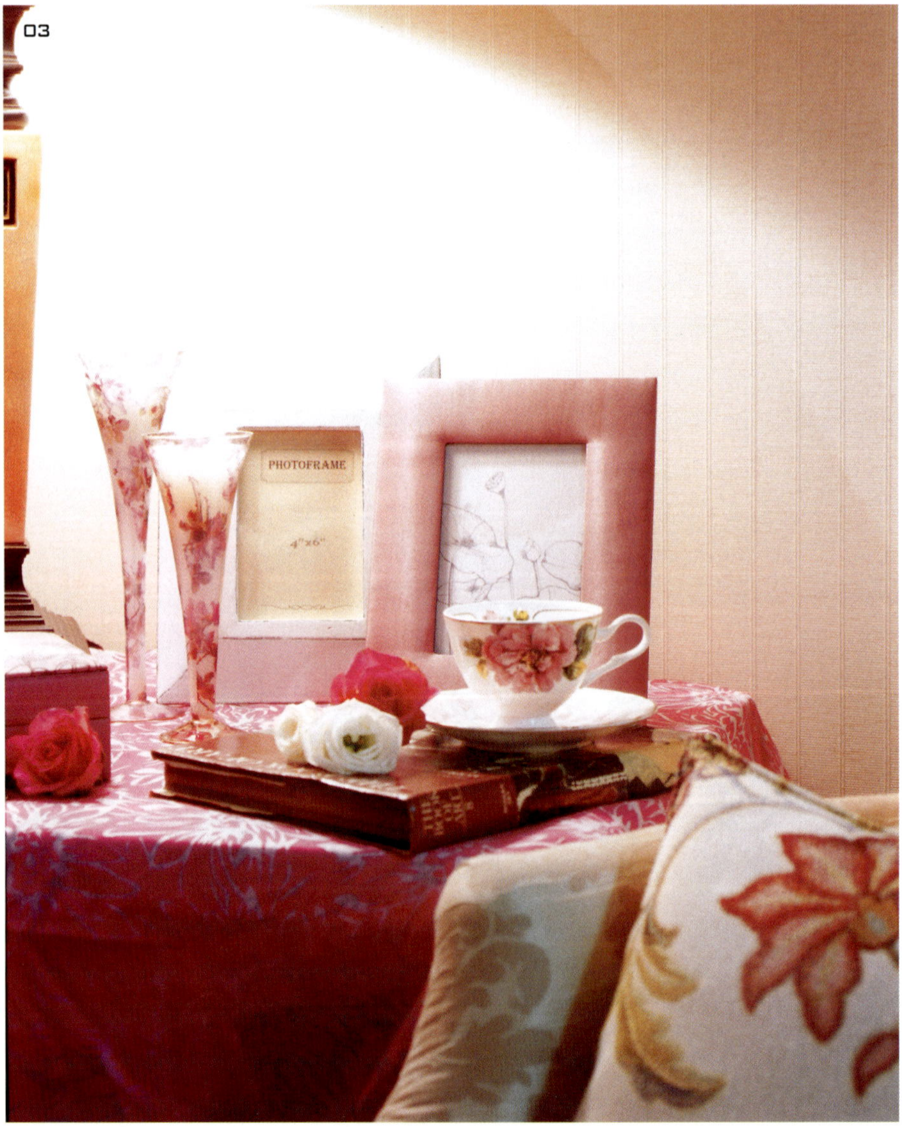

01 | 소품은 흰색이나 분홍색의 꽃무늬 도안이 있는 것을 선택하되, 너무 복잡한 것은 피하고 우아한 것으로 고른다.

02 | 천장식은 옅은 꽃무늬 또는 분홍색 계열의 꽃무늬 도안 장식을 하고 짙은 색, 과장되고 중후한 느낌의 재질은 피한다.

03 | 소품은 주로 분홍색, 복숭아색, 흰색, 베이지색 위주로 선택하고, 소재는 여성스러운 실크나 레이스 등을 선택한다.

04 | 꽃병 등 가벼운 색깔의 컨트리 클래식 느낌의 소품을 두어도 좋지만, 너무 많으면 컨트리한 느낌이 강해져 포커스를 놓칠 수 있다.

05 | 테이블보나 쿠션을 사용하여 원래 어두운 색조의 가구 얼굴을 바꾸어 낭만적인 클래식 느낌을 살린다.

04
05

STYLE 006

공간의 분위기를 결정하는 아이템

Do it yourself

북유럽의 심플한 스타일

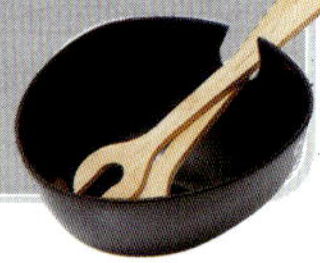

북유럽의 오랜 추위와 자연과 함께하는 라이프스타일은 북유럽의 거주 공간을 단순하면서도 실용적으로 만들었다. 북유럽 스타일은 디자인의 아름다움을 강조함으로써 단순함 속에서 따스함을 느낄 수 있다.

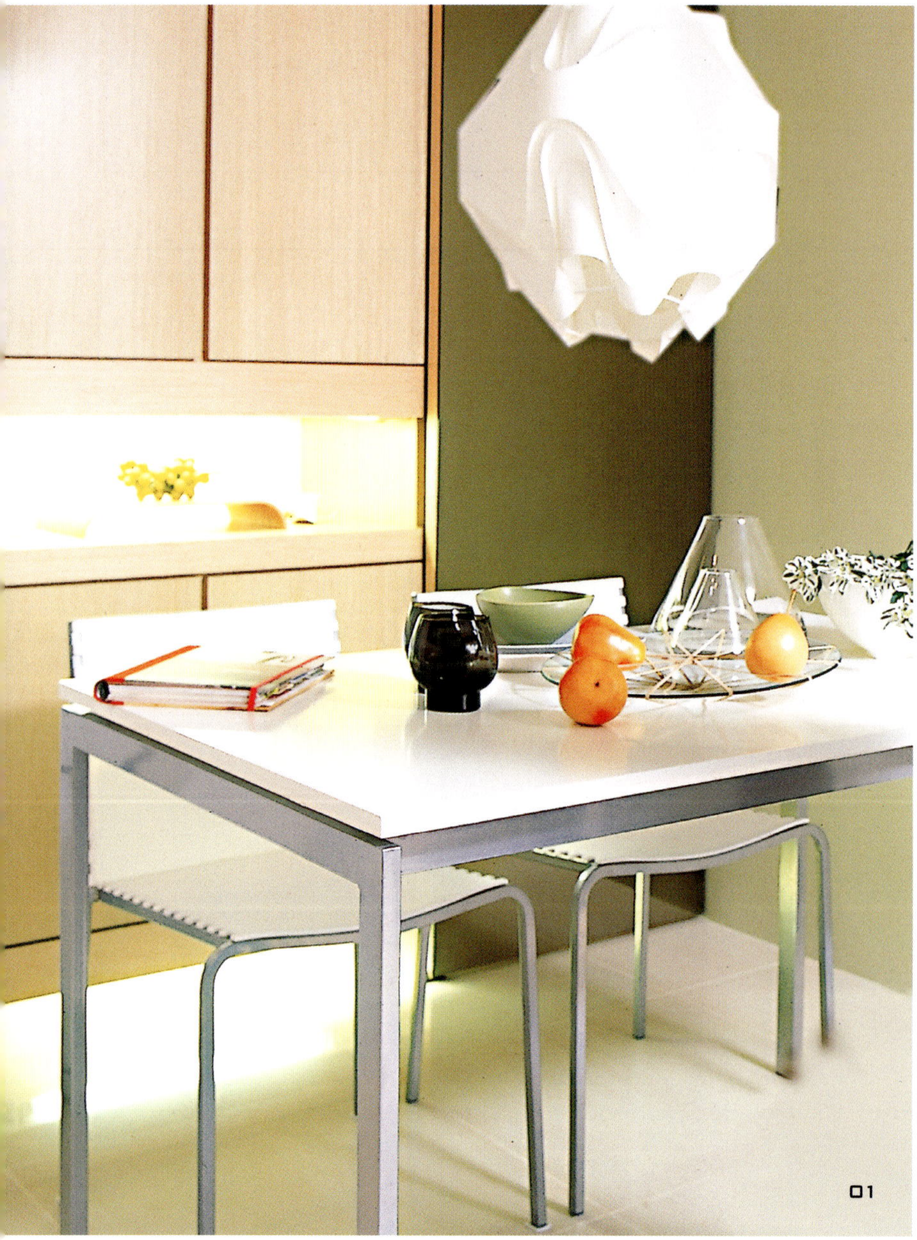

01

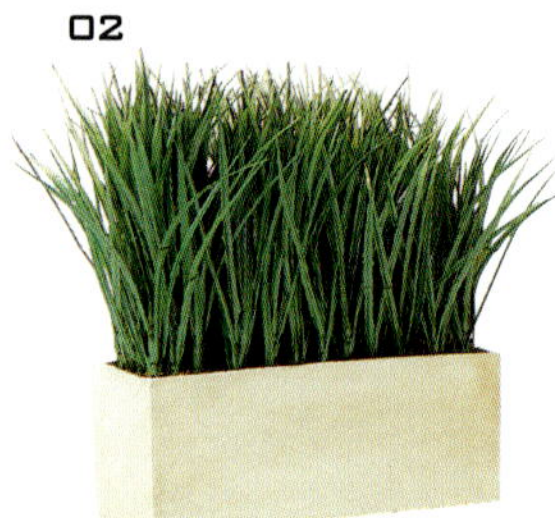

02

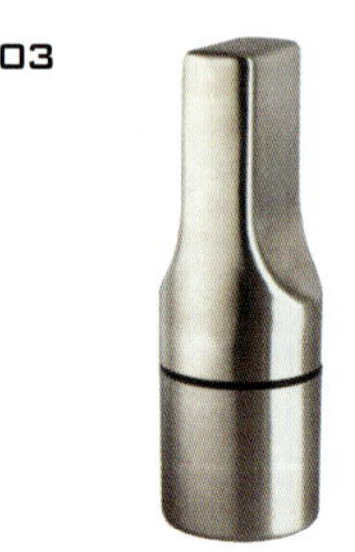

03

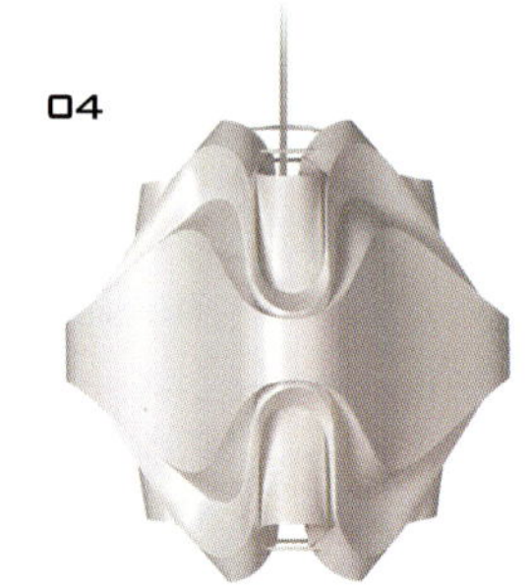

04

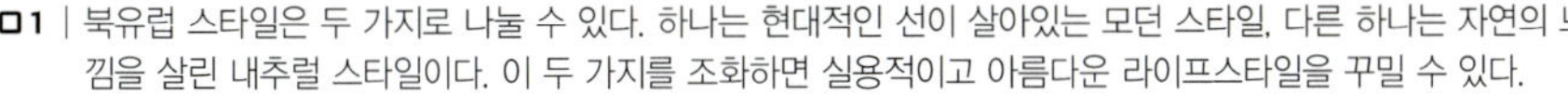

간결한 스타일의 가구 배치 효과

01 | 북유럽 스타일은 두 가지로 나눌 수 있다. 하나는 현대적인 선이 살아있는 모던 스타일, 다른 하나는 자연의 느낌을 살린 내추럴 스타일이다. 이 두 가지를 조화하면 실용적이고 아름다운 라이프스타일을 꾸밀 수 있다.

02 | 상아색의 우아한 원목 화분은 싱그러운 풀과 잘 어울린다. 자연에서의 편안한 휴식 같은 느낌을 살려준다.

03 | 자연 재질과 색조의 조화 외에도, 금속 재질과 유리 소품을 사용하여 공간에 깔끔한 느낌을 더할 수 있다.

04 | 자연의 깨끗한 분위기를 조성하는 것은 옅은 색의 사용에 달려 있다. 흰색이나 베이지색, 옅은 나무색을 마 소재와 같은 자연 소재와 함께 사용하면 효과가 좋다.

05 | 테이블 위에 놓인 컵과 접시, 도기, 식기의 질감과 색조의 조화를 통해 심플하면서도 풍부한 질감을 살릴 수 있다.

SPACE 001

소품으로 인테리어의 포인트를 잡자

Do it yourself

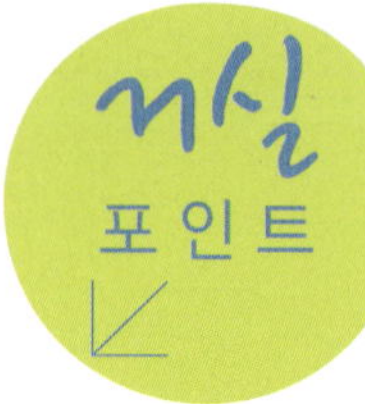

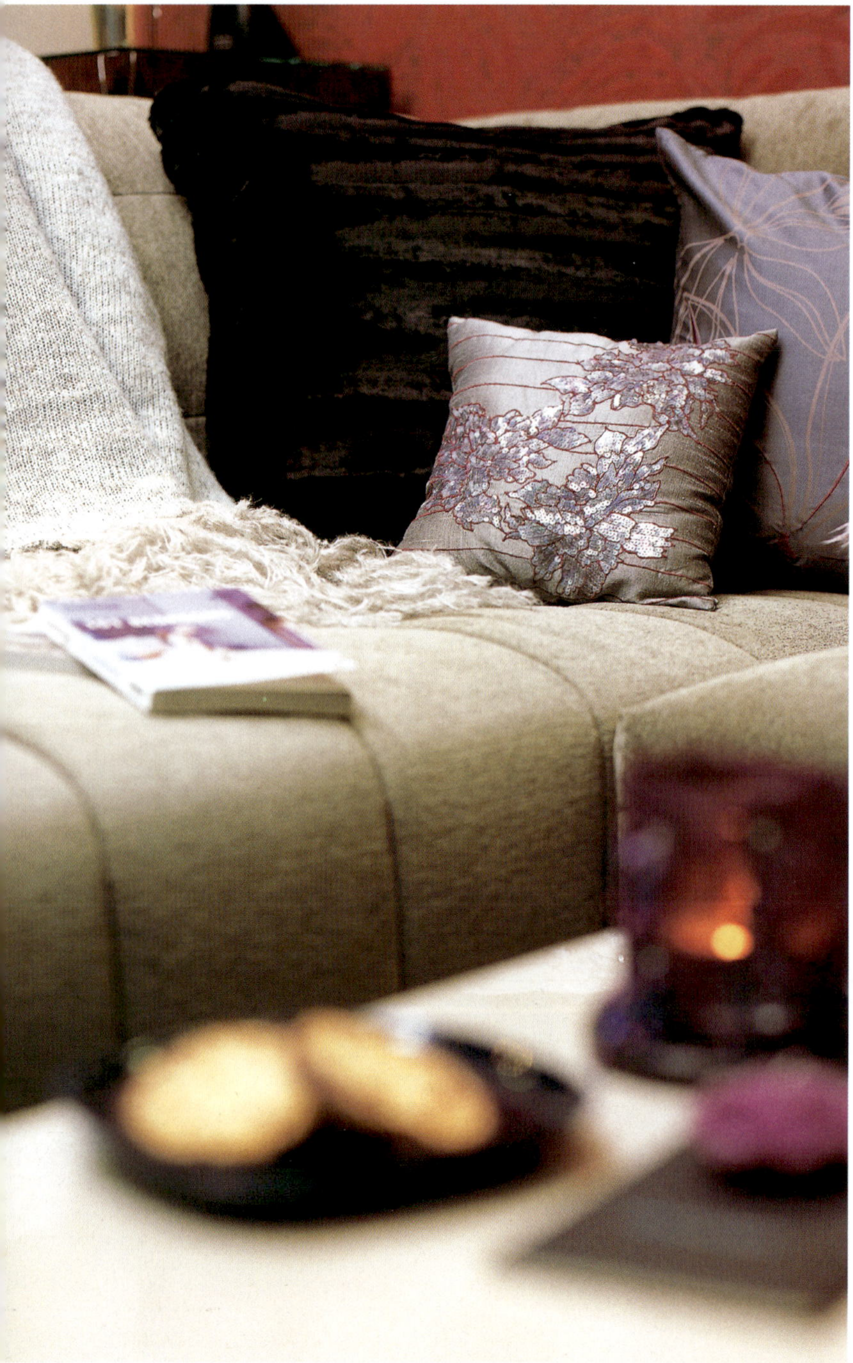

거실 포인트

그림 활용하기

커다란 그림은 작은 그림보다 효과가 뛰어나고, 작은 그림을 여러 개 분산하여 걸어두는 것은 넓은 공간에 걸린 큰 그림의 효과보다 못하다. 걸어두는 그림은 계절에 따라 바꾸어준다.

카펫으로 공간을 따스하게

바닥에 깔린 카펫은 거실에 따뜻한 느낌을 준다. 계절이 바뀌면 그에 맞는 다른 재질과 색의 카펫으로 바꾸어준다.

이때 중요한 원칙 하나, 카펫은 반드시 소파보다 길이가 길어야 한다. 그렇지 않으면 소파에 앉는 사람이 맨땅을 밟게 될 수도 있으므로 예의에 어긋나는 것이다.

소파에 표정을 부여하는 쿠션

소파 위에 아무 것도 없다면 썰렁한 느낌이 든다. 각기 다른 크기와 색깔의 쿠션이나 덮개를 두어 단순한 소파에 여러 표정을 부여해보자.

분위기에 따른 커튼 선택

커튼은 공간의 주인공은 아니지만 공간에 화룡점정 하는 사명을 가지고 있다.

거실에 들어섰을 때 맨 처음 눈에 띄는 것은 넓은 창에 드리워진 커튼이다. 따라서 커튼의 색과 재질에 변화를 주면 거실의 인상을 바꿀 수 있다.

꽃꽂이로 시선 집중하기

공간에 생기를 주기 위해 생화가 필요하기도 한다.

어떤 꽃을 어떤 꽃병에 꽂아야 할지, 어떤 스타일로 꾸밀 것인지 먼저 고려하지 않으면 꿰다 놓은 보릿자루처럼 어색하게 된다.

거실 탁자 위에는 덩어리형의 꽃을 놓아두는 것이 좋다. 줄기가 길고 분산되어 있는 꽃은 시선을 분산시키므로 피하는 것이 좋다.

식기는 일관성 있게

식기류는 되도록이면 한 세트로 되어 있는 것을 사용하는 것이 좋다. 식기류는 재질에 따라 쓰임이 다르고 풍기는 분위기도 다르다. 금속이 차가운 느낌이라면 목기는 따스한 느낌이 나고 세라믹은 부드러운 느낌을 낸다.

식탁보로 변화를 준다

일반적인 가정용 식탁에 세로로 길게 러너를 깔아 변화를 줄 수 있다. 식탁을 사용하지 않을 때는 위에 장식품을 올려놓아 탁자처럼 사용할 수도 있다.

식탁의자 커버와 방석으로 분위기 바꾸기

식탁의자 커버와 방석은 전체적인 식탁 분위기를 조성한다. 스타일이 다른 두 가지 세트를 준비하여 계절에 따라 식탁 분위기를 바꿔본다.

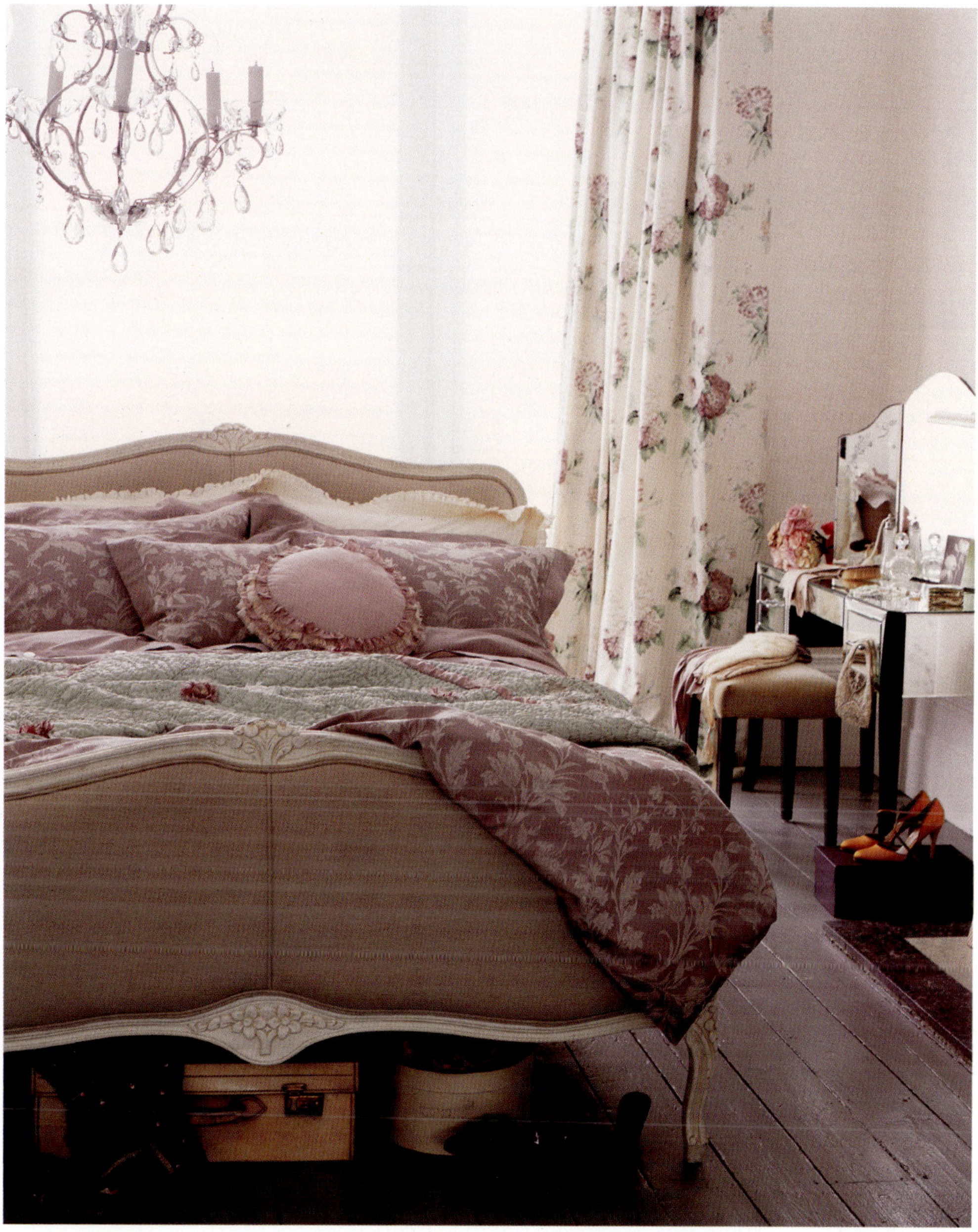

침구가 침실의 인상을 좌우한다

침실의 색채는 침구가 결정한다. 가벼운 실크 재질의 침구는 낭만적인 분위기를 조성하고, 체크무늬는 영국식의 컨트리풍 스타일을 조성한다. 계절과 분위기에 따라 침구를 바꾸어보자.

바닥에 러그를 깔아 편안함을 업그레이드 한다

보통 침실에서는 많이 돌아다니지 않지만 자기 전 혹은 일어나자마자 차가운 바닥을 밟으면 불쾌할 수 있다. 입구와 침대 사이에 러그를 깔아 침대에 올라갈 때와 내려올 때 두 발을 따스하게 보호해주자.

가구 배치의 기교

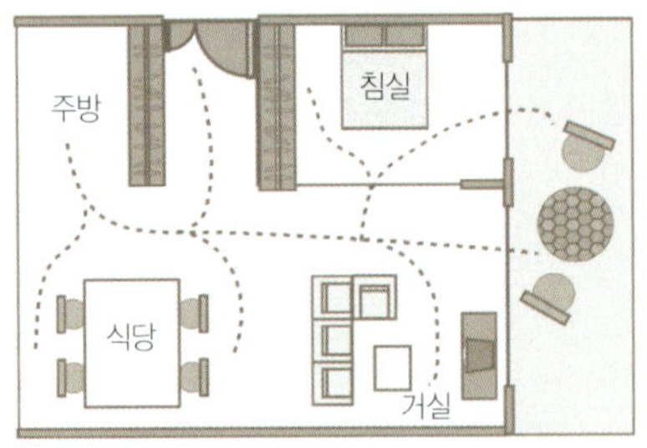

실제 공간과 가구 사이즈를 확인한다

거실의 크기에 비해 가구가 크다면 동선이 좁아지게 된다. 보통 편안한 거실을 꾸미기 위해서 가구 점유 면적은 30~40%가 적당하다.

가구점에서 가구는 작아 보이지만 막상 들여오고 나서는 너무 커서 낭패를 보는 경우가 허다하므로 먼저 자신의 집의 실제 규격과 배치도를 그린 후 손에 들고 가서 직접 크기를 확인해보며 가구를 골라야 한다.

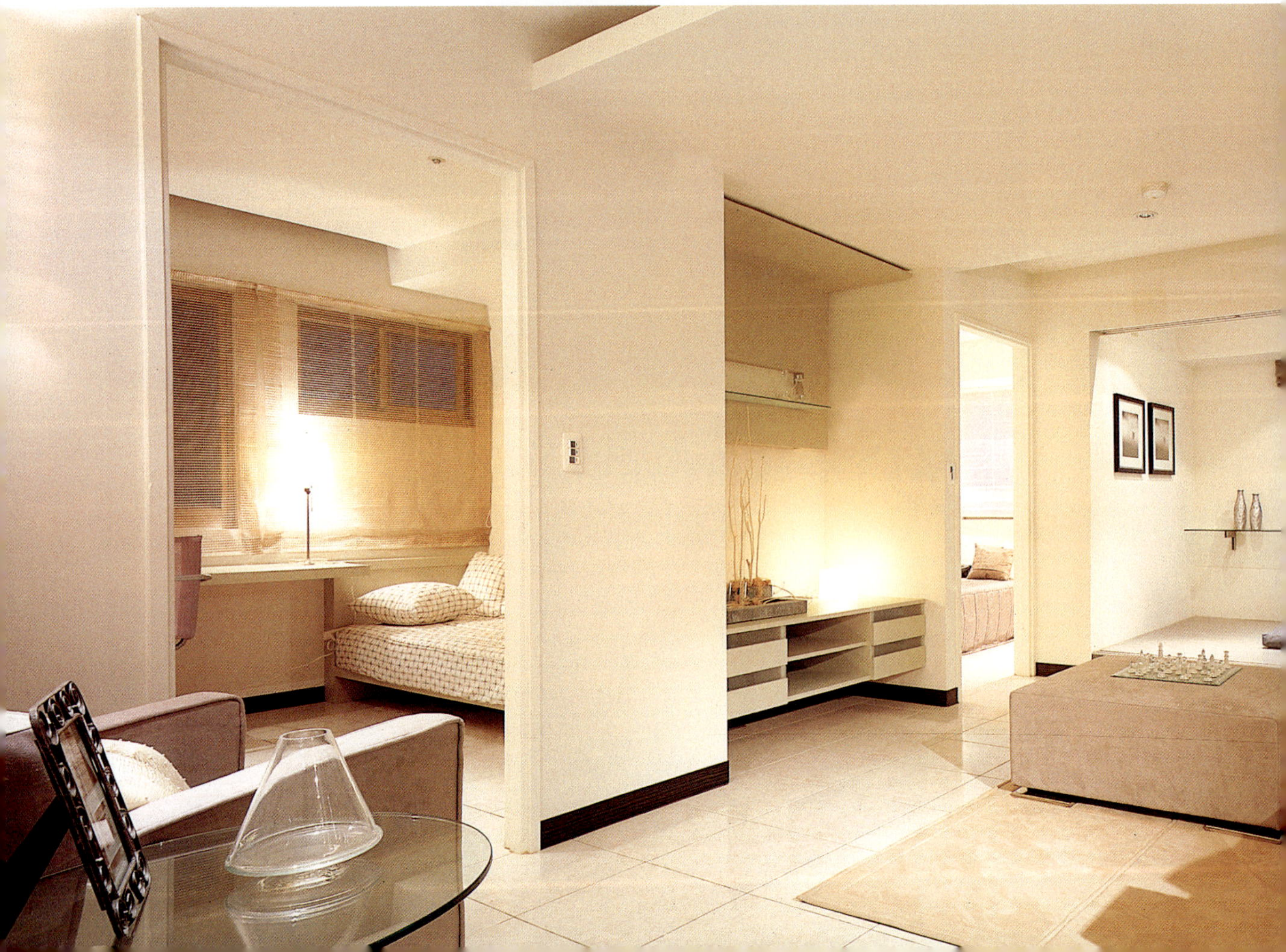

바퀴가 달린 가구를 활용한다

거실 겸 식당이 합해서 4평 정도 밖에 되지 않는다면 2인용 소파를 놓을 수 있다.

공간이 좁기 때문에 거실탁자는 바퀴가 달린 것을 쓰거나, 접이식 탁자를 사용하는 것이 편리하다. 텔레비전 장식장도 되도록이면 바퀴가 달린 것을 사용하여 상황에 따라 이동하여 공간을 융통성 있게 사용하도록 한다.

자유로운 독립 공간을 마련한다

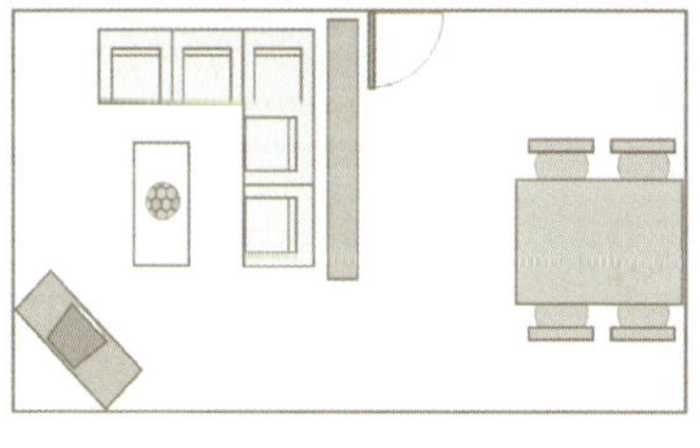

거실이 충분히 넓다면 소파의 뒤쪽에 장식장을 두어 거실과 식당을 분리할 수 있다. 이렇게 하면 각각의 공간이 나뉘어 자유롭게 공간을 이용할 수 있게 된다.

동선을 고려한 거실과 식당의 연결

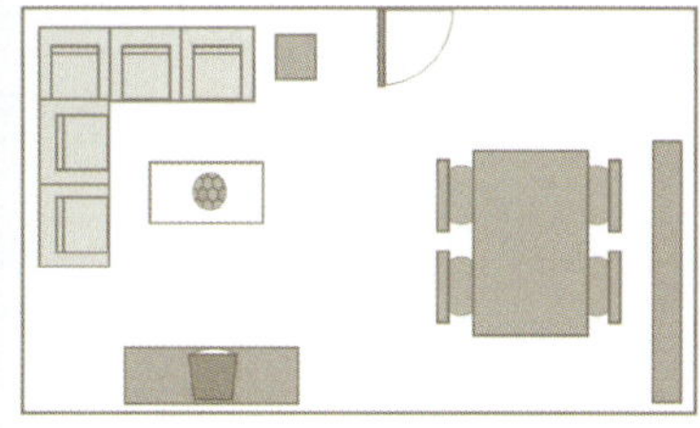

만약 거실이 7평 정도로 좁다면 거실과 식당 공간을 연결하는 것이 좋다. 장식장을 식탁 뒤에 놓으면 사용하기에는 불편하지만, 거실에서 식당까지 이동하기에 편하다. 장식장과 식탁과의 거리를 80cm 이상 두면 서로 영향을 주지 않으면서 공간을 넓게 사용할 수 있다.

가구를 한쪽에 몰아둔다

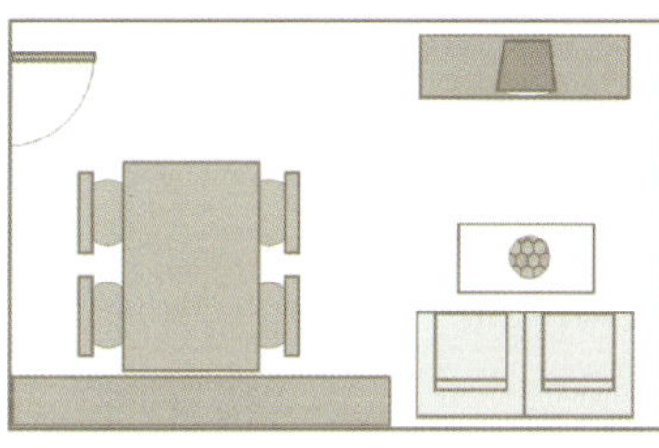

3평 정도의 기다란 거실 겸 식당 양쪽 벽에 가구를 두면 동선이 좁아지므로 장식장이나 소파 등 부피가 크고 면적을 많이 차지하는 가구는 한쪽 벽에 몰아 동선을 편하게 한다.

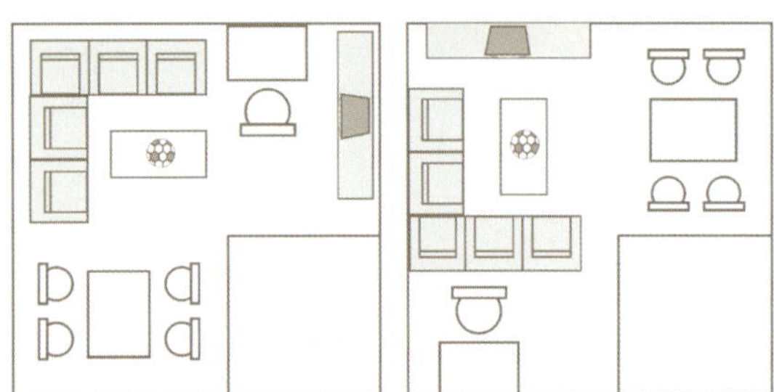

구역을 나누어 동선을 계획한다

기존의 공간은 가구의 모양에 따라 공간에 집어넣은 것이므로 구역의 기능과 생활습관을 고려하지 않은 것이었으며 동선은 말할 필요도 없었다.
기능에 따라 다시 가구를 배치하고 동선을 조절하여 각 공간 사이의 동선을 부드럽게 바꾸어준다.

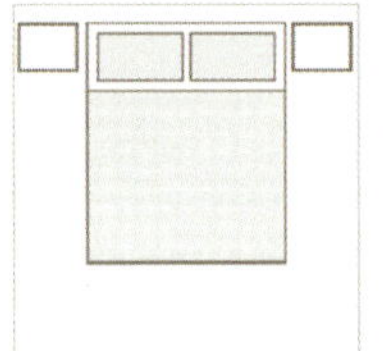

침대는 동선을 가장 먼저 고려해야 한다

침실에서 개폐식 옷장은 90cm 이상의 공간을 필요로 하고, 서랍식은 50~60cm의 공간을 필요로 한다. 따라서 만약 옷장을 사려고 한다면 서랍식을 추천한다.

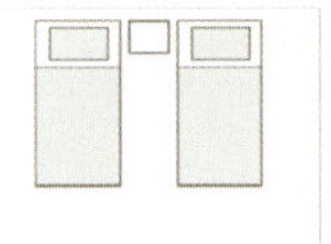

침실에서는 침대가 가장 큰 공간을 차지한다. 충분한 여유 공간을 원한다면 침대의 넓이를 먼저 고려해야 한다. 침대의 가장자리를 벽에 붙여놓을 때 벽과 10cm 떨어지게 놓아서 이불을 정리할 수 있도록 한다.

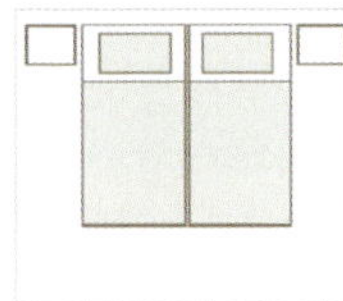

침대의 머리맡이 창문 아래에 있다면 겨울에 창문으로 들어오는 찬 공기를 주의해야 한다.
공간 여유가 있다면 작은 탁자를 두어 스탠드와 알람시계를 둔다.

문이 가운데에 위치한 방의 동선

문이 가운데에 위치하면 공간 활용이 어렵다. 하지만 문을 열었을 때 두 개의 긴 공간이 생겼다면 동선을 두 가지로 설계해 간단하게 해결할 수 있다.
문의 양 옆 공간이 가장 처리하기가 힘든데, 놓을 수 있는 가구를 두어 최대한 활용한다.

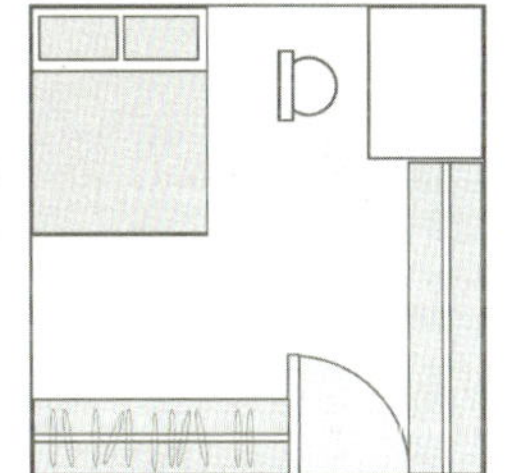

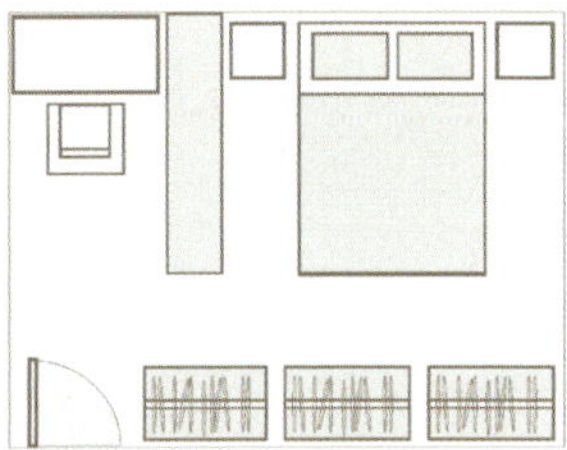

넓은 방에는 공부하는 공간을 분리한다

5평 정도 되는 큰 방이라면 책상과 침대 사이에 책장을 두어 공부하는 구역과 자는 구역을 분리한다.
책장을 둘 때는 책상의 통풍과 채광을 고려해야 한다.

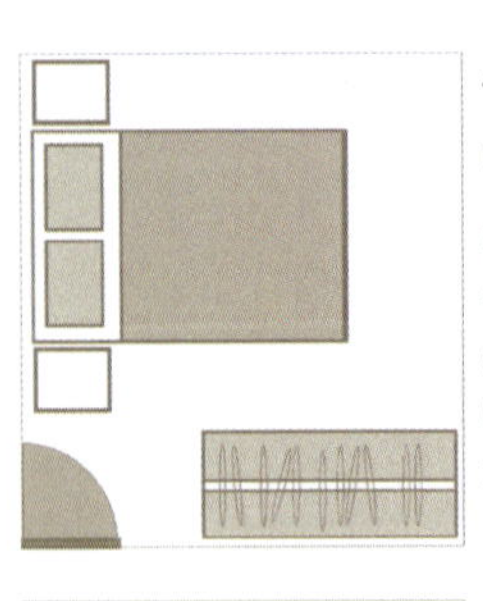

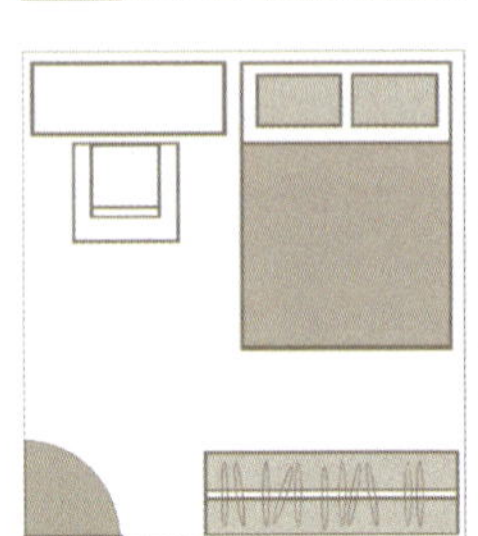

수납기능이 있는 침대를 선택한다

침실 공간을 깔끔하게 유지하고 싶다면 침대 밑은 가장 좋은 수납 장소이다. 이불 등 부피를 많이 차지하는 잡동사니를 수납하여 동선이 방해받는 것을 피할 수 있다.

작은 침실의 더블베드

3평 정도의 작은 침실에는 침대와 화장대를 나란히 둔다.
만약 화장대가 없다면 침대를 중앙에 두어 양쪽에 50cm 정도의 공간을 남길 수 있다.

가구의 포인트를 찾는다

가구의 배치는 공간의 포인트를 표현하는 것이 가장 중요하다. 예를 들어, 벽난로가 있다면 벽난로 옆에 어울리는 카펫을 깔거나 위에 그림을 걸거나 그 분위기에 맞는 거울을 걸어 벽난로가 이 방의 특징을 확실히 드러내도록 해야 한다.

가구의 비례는 자연스러워야 한다

각 가구는 각각의 중량감과 크기를 가지고 있다. 함께 놓는 가구일 경우 서로간의 크기와 비율이 너무 동떨어져서는 안 된다. 그렇지 않으면 공간 전체를 어울리지 않게 만들어버릴 수 있다.

한 공간에 포인트를 너무 많이 만들지 않는다

소품들이 전체 공간의 주제를 흐리지 않도록 해야 한다. 포인트가 너무 많으면 주제가
모호해지고 공간에 중심이 없어져 보인다.

가장자리에 가구를 두어 동선을 확보한다

가장 기본적이고 간단한 배치는 가구를 기둥이나 벽에 딱
붙여 놓는 것이다. 이렇게 하면 공간이 넓어 보일 뿐더러
동선도 넓어진다.

오래된 가구의 새로운 변신

Do It yourself

집안을 새롭게 리모델링하거나 이사를 갈 때, 오래된 가구는 꼭 버려야만 할까?
꼭 그럴 필요는 없다. 사실 잘만 활용하면 오래된 가구도 훌륭한 인테리어 소품이 될 수 있다.

□1| 신발장을 그릇장으로

만약 원래의 가구를 사용하지 않는다면 기능을 바꿔 사용할 수도 있다.
안 쓰는 신발장을 그릇장으로 사용하면 멀쩡한 가구를 괜히 버리지 않아도 된다.

□2| 나무 창살을 칸막이로

나무창살을 칸막이로 사용하면 공간이 넓어 보이는 효과를 줄 수 있다. 만약 방을 작업 구역과 휴식 구역으로 나누고 싶을 때 창살을 칸막이로 사용하여 세워 놓으면 동양적인 느낌을 살릴 수 있다.

□3| 그릇장을 거실의 오디오장으로

가구의 가장 중요한 기능은 실용성이다.
오래된 가구를 대할 때에는 그것이 어떻게 쓰일 수 있는지 곰곰이 생각해보아야 하는데, 그것은 꽤나 재미있는 일이다.
흔히 보기 힘든 앤틱 느낌의 그릇장이라면 거실에 두어 고풍스러운 오디오장으로 사용할 수도 있다.

□5| 오래된 문짝을 에스닉풍 탁자로

예스러운 멋이 느껴지는 문짝 위에 유리를 덮어 탁자를 만들면 비록 문짝으로서의
가치는 없어도 실용품으로서의 가치는 계속 이어지게 된다.

□4| 목조 침대 머리를 벽걸이 장식으로

나무로 된 앤틱 침대의 머리를 따로 떼어 벽에 걸면 벽면의 단조로움
을 없애 공간의 질감을 높여준다.

□6| 조각 소품으로 오리엔탈풍 느낌내기

퓨전 스타일을 표현하고자 할 때 고가구가 많이 필요한 것은 아니다. 가장 좋은 것은 포인트인데,
오리엔탈풍의 소품과 현대적인 심플한 공간이 서로 어울려 멋진 공간을 창조해낸다.

□7| 가구 색을 바꾸어 분위기 바꾸기

짙은 색의 원목 가구는 밝은 색으로 칠만 해줘도 분위기가 화사해진다. 앤틱 느낌의 중후한 서랍장이 밝은 미국풍 컨트리풍 서랍장으로 변신했다.

□8| 소파 천갈이로 새로운 분위기 내기

오래된 소파는 골격만 튼튼하다면 얼마든지 천갈이를 해서 거실에 새로운 분위기를 더해줄 수 있다.

09│같은 색 계열의 쿠션과 커버 활용하기

오래된 가구에 각종 쿠션과 덮개, 러그 등을 활용하여 새롭게 꾸며줄 수 있다. 같은 색 계열로 맞추면 공간에 통일성을 부여할 수 있으며 포인트를 주기 위해 대비색을 선택할 수도 있다.

10│앤틱 가구 활용하기

요즘에는 앤틱 가구를 쉽게 구할 수 있다. 집안에 오래된 가구가 많다면 가구 구입 시 앤틱 가구를 골라 한 공간에 오래된 가구와 조화를 이루도록 한다.

쇼핑하며
Style 찾기

 **ON-LINE** 글로발툴
페인트인포
10×10(텐바이텐)
DCX
dodot(두닷)
이케아
우드워커

 **OFF-LINE** 남대문시장
고속터미널
방산시장

On-Line Shop

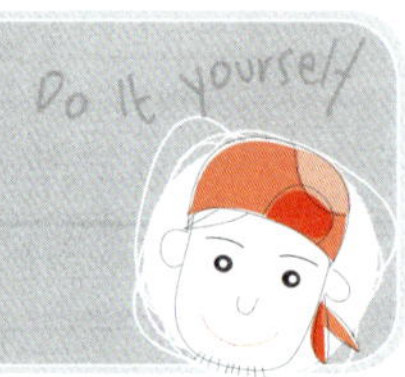

인터넷 공구판매 쇼핑몰 ★★★☆☆

글로발툴 | www.globaltool.co.kr

도매부터 소매까지 모두 판매하는 온라인 쇼핑몰로 가정용 DIY공구와 DIY재료까지 한꺼번에 구입할 수 있다. DIY에 꼭 필요한 줄자, 타카, 가정용 전동공구까지 한눈에 비교 검색할 수 있고 식탁다리, 가구손잡이 등 가구 리폼에 필요한 소품도 함께 판매하고 있다.

01

02

03

01 | 자야 _ JD-600 글루건
02 | 보쉬 _ 5인치 원형샌더 GEX270AE
03 | 타지마 _ 안전줄자5.5m~7.5m(벨트탈착식)

인터넷공방 : 내손으로 꾸미는 DIY ★★★★☆

페인트인포 | www.paintinfo.co.kr

솜씨 있는 사람이라면 한번 도전해 볼만한 스텐실과 페인트 등의 재료와 친환경소재 제품을 판매하고 있다.

초보자도 시도해 볼 수 있는 띠벽지, 포인트 스티커, 귀여운 시트지 등 분위기를 바꿀 수 있는 작은 소품부터 공간박스 액자 등 반제품의 수납가구까지 폼 나는 리폼에 필요한 소품을 구할 수 있다.

이밖에 즐겁게 배우는 DIY 페이지를 통해 기초 수납가구 만들기와 직소, 전동드릴 등 공구의 사용법도 사진과 함께 자세히 배울 수 있다.

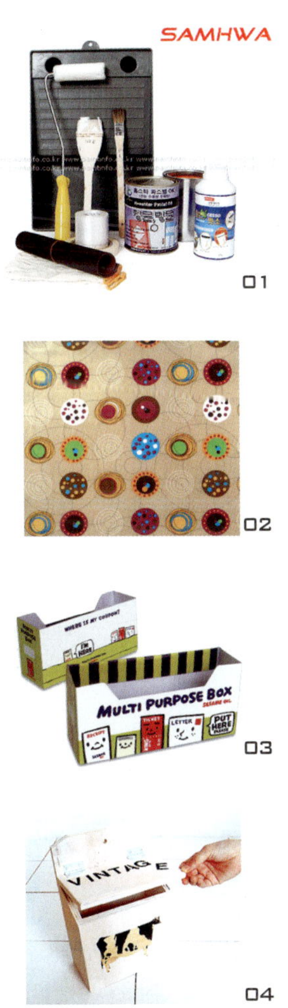

01 | 삼화 _ 홈스타방문리폼세트
02 | 점착식패브릭원단 _ 리볼라베이지(IC-14)
03 | 멀티박스 paperfriend
04 | 빈티지 박스

10X10(텐바이텐)| www.10x10.co.kr

디자이너 소품 전문쇼핑몰로 온라인과 오프라인 모두 사랑받고 있다.
일러스트 가득한 빨래집게와 다이어리에서부터 아이디어가 돋보이는 소품까지
일단 보게 되면 두 눈이 반짝반짝!! 둘러다보면 자신도 모르게 구매 버튼을 누르
게 되니 긴장을 늦추지 말자.

01 | 애니 칫솔홀더(젖소)
02 | 브이질 야채필러(감자칼) – 그린
03 | 시티오브 쓰바 멀티박스
04 | 쉘브P4
05 | 아이라이크잇 그래픽스티커 – 오래된 정원

01

02

03

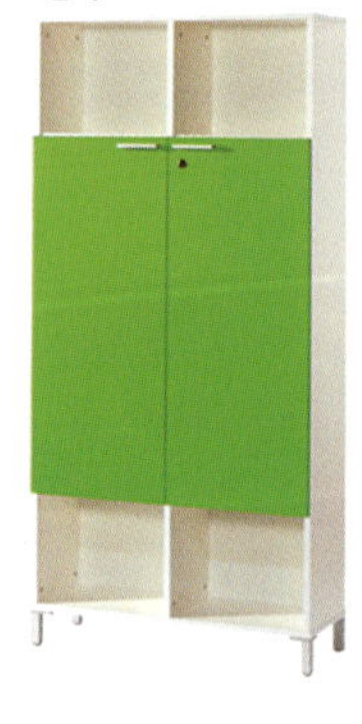

04

05

대학로점
서울시 종로구 동숭동 1-45 자유빌딩 1층
02-741-9010
자유빌딩 건물 유료주차장 이용가능

창원점
경남 창원시 용호동 73-24번지(641-842)
055-264-6410(주차불가)

구미점
경북 구미시 원평동 374-13
054-455-3076(주차불가)

일산점
경기도 고양시 일산구 장항동 일산라페스타 C-122
031-907-4210
라페스타 주차장 이용가능

대구점
대구 중구 덕산동 88번지 메트로센터 E 210호
053-424-3076(주차불가)

부천점
경기도 부천시 원미구 중동 1164번지
로담코플라자 5층 cgv 티켓박스 옆
032-623-1505
로담코플라자 주차장 이용가능

진주점
경남 진주시 가좌동 700-1 진주엠비씨네 지하 1F
055-758-4545
엠비씨네 지하 주차장 이용 가능

디자인소품에서 트랜디한 패션까지 : design complex ★★★☆☆

DCX | www.dcx.co.kr

특이한 아이디어 제품이 많은 사이트로서 리모델링 및 인테리어에 필요한 수납용품과 소품, 조명, 패브릭을 비롯해 주방과 욕실소품 및 인형 등으로 사람들의 톡톡 튀는 개성을 충족켜주고 있다. 20대~30대의 소비자를 타켓으로 아이디어와 디자인으로 승부하는 온라인 쇼핑몰이다.

개인디자이너 브랜드를 걸고 판매하는 제품을 만날 수 있으며 인사동 길에서 찾을 수 있는 한국적으로 디자인된 소품부터 기능성의 새로운 시도를 하고 있는 제품까지, 디자인을 소중히 하는 사람들이 만들어 가고 있다.

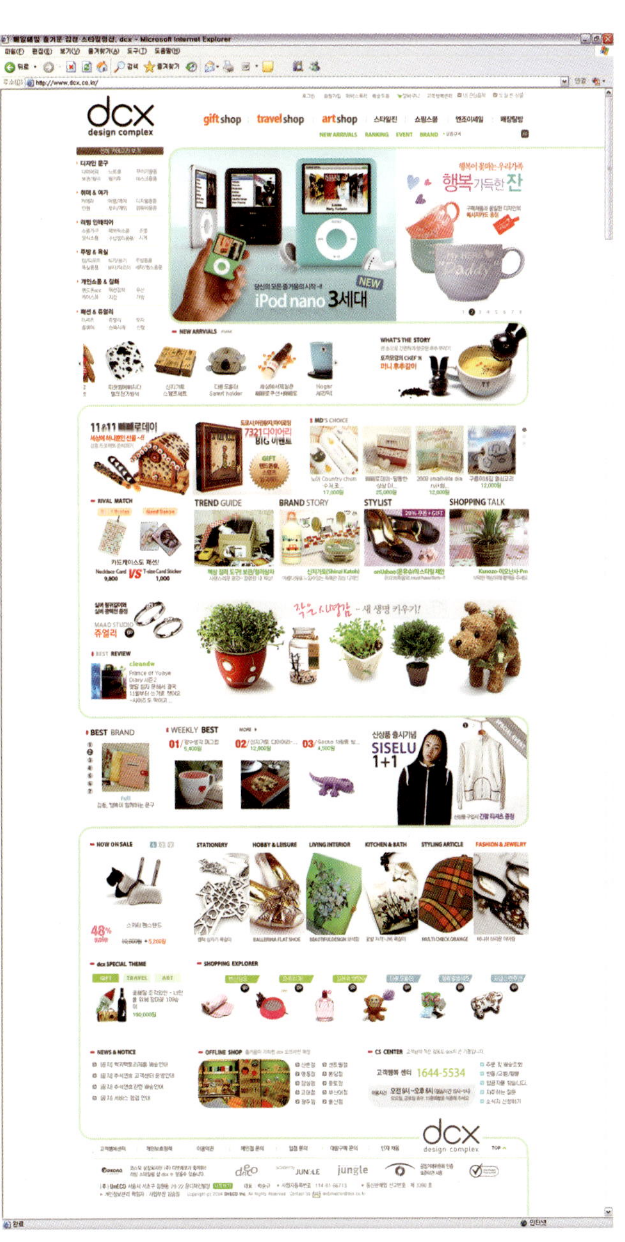

01 | Topiary _ 이쁜강쥐 DOG004
02 | 제니퍼스 하우스 _ 하이디 가족 우드 옷걸이 (후크)
03 | MENU _ 심플한 디자인 Snack Bowl
04 | 이모셔널 _ 플라워 약장 보관함
05 | 모리스보보 _ 4단 서랍장 C type

dodot(두닷) | www.dodot.co.kr

제조회사가 원단의 재단과 보링(나사구멍뚫기) 단계까지 제작하고 나머지 공정은 소비자가 직접 조립하여 스스로 제작하는 R.T.A(Ready To Assemble) 반제품 가구를 통해 가족과 함께 제작하는 즐거움과 성취감을 동시에 맛볼 수 있다.

다양한 제품과 우수한 품질, 독창적인 디자인의 상품을 통해 두닷 만의 유니크한 디자인트랜드를 구축하고 있으며 서초동에 오프라인 매장이 있어 제품의 재질과 크기를 직접 확인할 수 있다.

방문하기 전에 미리 전화를 하면 친절한 설명과 확인이 가능하다.

(주)코다스 디자인
서울시 서초구 서초동 1639-9 유정빌딩 3층
TEL : 02-585-8937
FAX : 02-585-85938

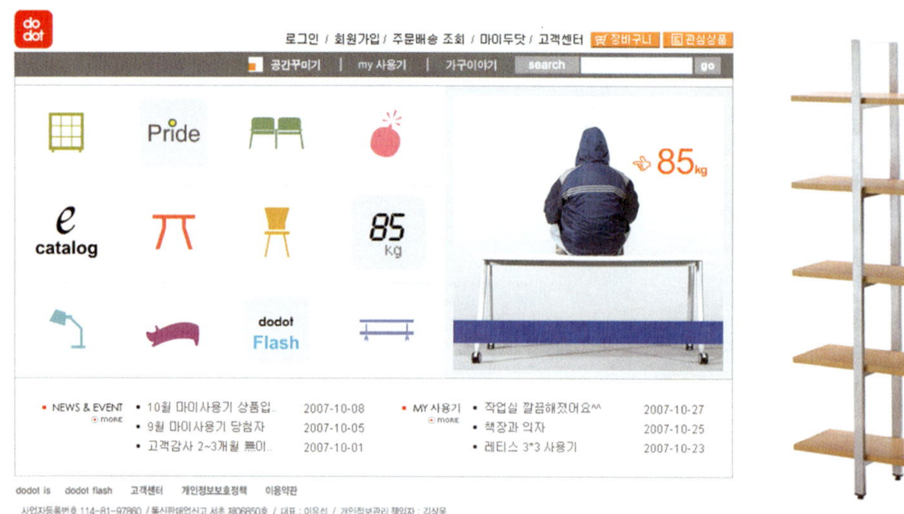

01 | 피랙 5단 선반장
02 | LUNS 칠판
03 | B-flower 1인용 보조소파
04 | 피그 화일함
05 | 무늬목 테이블

소품+반조립 가구 ★★★★☆

이케아 | **www.iikea.co.kr**

이케아는 스웨덴에 본점을 두고 있는 글로벌 회사로서, 저렴한 가격으로 DIY(do it yourself) 가구 용품을 판매하는 곳이다.

미국이나 유럽에서 생활을 하거나 여행을 해본 사람들이라면 한번쯤 거대한 오프라인 IKEA아 매장을 보았을 것이다. 뛰어난 디자인과 독특한 색상, 저렴한 가격으로 혼자 독립해서 생활하는 젊은이들과 젊은 부부층에서 폭발적인 인기를 누리고 있다.

유럽의 장인정신을 기초로 하고 있으며 현재에는 새로운 디자이너들의 자신의 이름을 건 신제품을 통해 전세계 소비자들의 스타일을 만족시키고 있다.

가구 구입시 반제품을 주문해 가족과 함께 조립해서 즐거운 추억을 만들 수 있고, 완제품 상태의 제품을 구입할 수도 있는데 조립가격이 추가된다.

한국에는 정식 매장은 없지만 많은 쇼핑몰에서 이케아의 제품을 취급하고 있으며, 이케아 매니아의 사랑을 듬뿍 받고 있다.

01

02

03

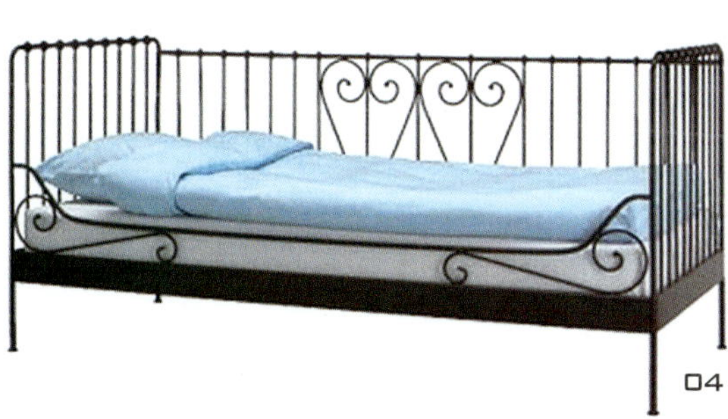

04

06

05

01 | KLUBBO nest of tables
02 | TITTA Finger toy
03 | BOASJO bathroom set
04 | MELDAL day-bed
05 | RHEN 12-bottle wine rack
06 | ENETRI shelving unit

우드워커 | http://cafe.naver.com/woodworker.cafe

카피만큼 나무와 가구를 좋아하는 사람들의 모임이다.
회원들의 개인 작품부터 공구의 사용방법과 비법, 나무재질의 종류와 특성 설명이 한곳에 모여
있다. 전문가와 함께 일반인들이 꾸며가는 모임이다.
현재 거주하는 지역의 목공방안내 페이지가 있어서 오프라인 공방도 쉽게 찾을 수 있으며 회원
들이 꾸려가는 중고물품 벼룩시장에서 샌더, 타카 등 DIY에 필요한 제작용구도 저렴하게 구입
할 수 있다.

03   04

01

02

05

01 | 네모디자인 전경
02, 03, 04 | 네모디자인 웹페이지에 판매중인 소품
05 | 네모디자인에 전시중인 가구

네모디자인 | www.nemo-design.co.kr

우드워커에서 만난 네모디자인 공방.
합정역 1번 출구에서 15m 직진하면 찾을 수 있다. 넓은 작업실이 함께 있어 DIY가구 제작수강도 받을
수 있고 공방안에 전시된 작품과 홈페이지에서 판매되고 있는 손수 만든 가구를 구입할 수 있다.

남대문시장

식기 + 소가구 + 패브릭까지 ★★★★☆

남대문 대도상가 3층에서 소품과 식기, 패브릭을 만날 수 있다.

대도상가는 역사가 오래되어서 명성에 걸맞게 다양한 물건이 구비되어 있지만 골목이 좁고 사람이 항상 붐비기 때문에 발품을 많이 팔수록 저렴하고 좋은 상품을 구입할 수 있다. 고풍스럽고 한국적인 소품과 수입물품까지 한곳에서 비교할 수 있으며 일반시중가보다 30~40% 저렴하게 구입할 수 있다. 또한 천을 고르면 바느질도 맡길 수 있으므로 원하는 것을 맞춤제작할 수 있다.

혜화역 5번 출구에서 나온 후 바로 우측으로 꺾어 20m직진하면 대도상가가 보인다. 일요일은 휴무이고 주중에도 오전 9시는 넘어야 점포들이 모두 개점한다. 골목이 좁기 때문에 한산한 시간에 가면 편하게 볼 수 있다.

01 │ 대도상가에서 판매되고 있는 소품들
02 │ 지하 도깨비시장에서 판매되고 있는 수입가구
03 │ 대도상가에서 판매되고 있는 식기
04 │ 천장까지 매달려 있는 상품
05, 06 │ 대도상가에서 판매되고 있는 수입소품

고속터미널 │2층 소품매장, 지하상가

어떤 분위기로 개조할지 인테리어 할지 쇼핑물품 목록을 들고 고속터미널로 가보자.

지하철 3호선과 7호선 고속버스터미널 1번, 8번 강남터미널 지하상가 출구로 걸어오면 지하통로를 따라 신발·가방 등을 판매하는 지하 상가가 보이고 그 길을 따라 계속 걸어가면 꽃시장까지 상가가 길게 연결되어 있다.

패션상가를 지난 후에 나오는 소품상가들은 엔틱, 컨트리, 북유럽 등 전혀 다른 분위기의 소품이 잔뜩 진열되어 있다. 원하는 소품을 신중하게 고르고 싸고 예쁘다고 충동적으로 구매하지는 말자. 한번에 여러 가지 소품을 볼 수 있고 가게들이 정리가 잘 되어 있어서 쇼핑하기 편리하다.

커튼과 패브릭은 3층 소품매장, 작은 소품들은 2층이나 지하상가가 적당하다.

01 │ 지하상가 _ 패브릭상점
02 │ 지하상가 _ 조화소품
03 │ 지하상가 _ 귀여운소품
04, 05 │ 지하상가 _ 가구
06 │ 2층 _ 소품매장
07 │ 지하상가 _ 엔틱가구

인테리어 벽지 및 페인트, 타일, 조명 등 ★★★☆☆

방산시장 | 을지로 3가~4가

인터넷에서 본 예쁜 벽지와 인테리어 스티커, 화려한 조명을 보고 싶다면 방산시장에서 확인하자.
거의 모든 회사의 벽지와 바닥자재를 판매하고 있고 페인트, 페인트솔, 락커, 타카총 등 필요한 재료를 구입할 수 있다. 지하철 을지로 4가역 5번출구로 나와서 직진한 후 다음 골목에서 우회전하면 방산시장에 도착한다.
타일, 조명, 세면대 등을 보려면 지하철 을지로 4가역에서 3가역으로 가는 길에 상점이 밀집해있다.

01 | 방산시장 입구 전경
02 | 진열되어 있는 벽지
03 | 을지로방면의 한 공예사
04 | 벽에 걸려있는 철제소품
05 | 욕실 타일 샘플. 믹스색상을 고를 수 있다.
06, 07 | 진열된 자재들. 일반 시중보다 저렴하다.

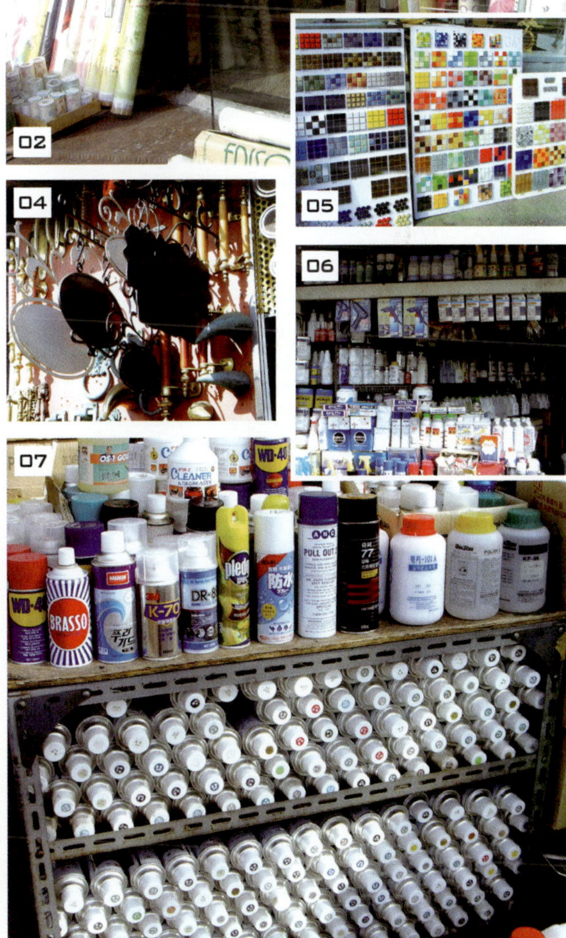

Q&A

07

수납개조
Q&A

수납개조 Q&A

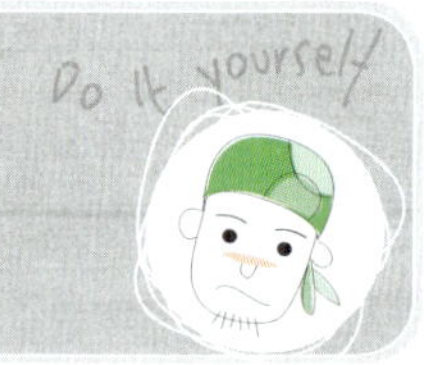

Question 우리집의 천장이 비교적 높은데 어떻게 활용해야 할까요?

Answers 천장은 수납하기 좋은 공간은 아니다. 천장에 수납을 하게 되면 물건을 사용하기에 불편하므로 공간이 높다고 해서 꼭 개조할 필요는 없다.
천장이 높으면 시각적으로 공간이 넓어보이는 효과가 있으므로 현재의 상태를 유지하는 것도 좋은 방법이다.

Question 4평이 채 안되는 작은 원룸에 살고 있습니다. 서랍이 없는 책상을 가지고 있는데 수납공간을 추가하고 싶어요. 이런 책상에 수납공간을 추가하는 방법은 없을까요?

Answers 가구매장을 돌아다니다 보면 작은 책장이나 벽걸이식 수납상자, 수납주머니 또는 이동식 수납장이 있는데 이런 상품을 구매해서 물건을 수납하면 수납공간의 문제를 해결할 수 있다.

방안에 장식품을 놓으려고 하는데 어떤 것을 놓아두어야 공간적 제한이 없어질까요?

먼저 장식품을 구입할 때는 집안의 분위기를 고려해야 한다.

집안의 분위기와 맞지 않는 것은 다른 곳에 두는 것도 괜찮은 방법인데 같이 놓아두게 되면 잡동사니 같아 보이게 된다.

이미 산 물건이라면 책장에 넣어 전시를 하는 것도 좋은 방법이다.

책장의 깊이는 30~40cm이므로 책을 꽂은 후에 남는 앞의 공간에 카드나 선물받은 작은 물건, 인형 등을 두어 전시하면 꽤 보기 좋을 것이다.

이때 공간 정리의 원칙을 꼭 지켜야 한다. 공간이 복잡해지면 아무리 아름다운 장식품을 두어도 보기에 좋지 않다.

01 | 장식품을 구입할 때에는 먼저 집안의 분위기와 잘 어울리는 지를 생각해본다.

02 | 장식품이 집안 분위기가 어울리지 않는다면 따로 수납하여 산란한 느낌을 없앤다.

03 | 책장을 이용해 전시한다. 책장 앞에 남는 공간은 선물받은 작은 물건이나 카드 등을 두어 전시한다.

04 | 최우선적으로 고려해야 할 사항은 공간을 정리하는 것이나. 그런 후에 전시해야 아름다워 보인다.

주방에 접시가 많아서 따로 수납을 했는데도 정리가 되지 않아서 사용하려고 찾으면 도무지 찾을 수가 없습니다. 어떻게 수납해야 쉽게 찾아서 사용할 수 있을까요?

수납에서 가장 중요한 것은 분류이다.

우선 주방에 물건들을 분류해서 정리를 해야 하는데, 대부분의 주방용품들이 매일 사용하는 것이라서 생활습관과 사용빈도에 따라 우선적으로 구분하고 자주 사용하는 것은 보이는 곳에 두어 쉽게 찾아 쓸 수 있도록 한다. 자주 쓰지 않는 식기들은 높은 곳이나 낮은 곳, 또는 수납장 안에 둔다.

분류하여 수납한 후에는 사용 후 꼭 제자리에 두어 나중에도 쉽게 찾을 수 있도록 한다.

수납상자를 따로 구매한다면 가장 좋은 것은 같은 종류와 크기의 수납상자에 물건의 크기와 길이, 종류에 따라 사용하기 쉽게 수납하는 것이다.

또는 큰 수납장을 사서 잡다한 물건들을 넣는 것도 좋은 방법이다.

수납을 하기 위해서 수납장이나 수납
함을 사는데 따로따로 구입하게 되서
매번 종류와 사이즈가 다릅니다.
물건이 수납장 안에 들어가긴 하지만
왜 이렇게 어지러워 보일까요?

문제는 수납장과 수납함의 종류와 크기가
다르다는 것에 있다.

수납장은 분위기가 일치하는 것이 가장 좋
으며, 색상이 다르면 복잡하고 정신 사나워
보이므로 혼란감만 주게 된다.

그러므로 같은 종류의 색상과 크기의 수납
장과 수납함을 구매하면 배치가 훨씬 쉬워
진다. 또는 대형 수납장을 사서 모든 물건
을 안에 넣으면 문제가 해결될 것이다.

수납장이나 선반을 구입할 때
가리는 문이 필요할까요?
어떤 재질이 좋은 건가요?

우선 어떤 물건을 수납할지 생각해야
한다.

만일 책을 넣는다면 문이 없는 것이
좋고 옷이나 잡동사니라면 문이 있는
것이 더 효과적이다.

유리문과 나무문을 비교한다면 유리
문은 투명해서 잘못 정리하면 복잡한
것이 다 보이지만 나무문은 잡동사니
를 가릴 수 있어서 좋다.

Question 옷장을 구입할 때 어떻게 크기와 색을 맞출까요?

Answers 공간이 넓다면 크기에 상관없이 치수를 확인한다.
침대와 옷장의 거리가 60cm도 되지 않는 공간이라면 동선이 문제가 되므로 작은 것을 선택하고 1m이상이면 큰 옷장을 구입해도 된다.
파스텔계열 색상의 가구는 공간을 넓어보이게 하는 효과가 있으므로 어둡지 않은 가구를 고른다.

Question 미적 감각도 없고 따로 인테리어를 배우지도 않았습니다. 예산도 많지 않구요. 어떻게 개조를 해야 할지 막막합니다.

Answers 인테리어를 배우지 않아도 미적 감각이 없어도 괜찮다.
개조는 간단하게 수납하고 정리해서 공간을 좀더 예쁘게 꾸미는 것일 뿐 굳이 돈을 많이 쓸 필요는 없다.

Do It Yourself

에디의 인테리어 수납교실

Do It Yourself

에디의 인테리어 수납교실

Easy to Remodeling

Easy to Remodeling